BASIC DAILY KOREAN 1

저자 **권민지, 김소현, 이소현**   감수 **허용**

한글파크

머리말

    <Basic Daily Korean 1>은 한국어 학습 경험이 전혀 없는 외국인 학부생, 교환 학생, 대학원생을 대상으로 한 통합형 한국어 교재입니다. 한글 익히기와 소개하기, 음식 주문하기 등 한국어를 처음 배우는 학습자들이 첫 학기 동안 공부할 내용들을 재미있고 다양한 활동을 통하여 체계적으로 익힐 수 있도록 구성하였습니다.

    이 교재는 집필진의 풍부한 학부 수업 경험을 바탕으로 학습자들의 요구를 적극 반영하였고 실제적으로 학습자들에게 가장 필요하고 유용한 주제와 내용을 선정하여 집필하였습니다. 또한 학습자의 수준과 현재의 교육 상황을 충분히 고려하여 각 과의 해당 주제와 내용에 맞게 실제 한국 사람들이 많이 사용하는 어휘, 문법, 표현을 담았습니다.

    이 교재는 다른 교재와 달리 다음과 같은 특징이 있습니다.
첫째, 이 교재는 학습자 중심의 여러 언어 기능이 통합된 말하기 활동들로 구성되어 있습니다. 다양하고 풍부한 학습활동으로 별도의 워크북이나 보충 자료 없이 이 교재 한 권만으로도 학습이 가능합니다.
둘째, 이 교재의 한글 익히기는 초급 학습자들이 한글 자모와 그에 따른 발음을 잘 익힐 수 있도록 언어 보편성과 대조언어학적 관점에서 구성하였습니다.
셋째, 이 교재에서는 학습자들이 문법과 표현을 쉽게 접근하여 익힐 수 있도록 학습 내용을 시각화하였습니다.
넷째, 이 교재는 필수 어휘뿐만 아니라 최근 한국의 사회 문화적 변화를 반영한 고빈도 단어 중에서 초급 학습자들에게 필요한 실용적인 단어들을 엄선하여 수록하였습니다.
다섯째, 이 교재는 자가 점검 및 메타 인지를 활용하여 학습 효과를 최대한으로 끌어올릴 수 있도록 하였습니다.
마지막으로 이 교재는 기초 단계에 필요한 학습 내용들이 단계적이고 체계적으로 구성되어 있어 한국어를 처음 가르치는 초보 교수자도 큰 어려움 없이 가르칠 수 있습니다.

    이 책을 완성하기까지 즐거운 경험의 연속이었습니다. 장시간 열정적인 토론과 논의를 통해 알찬 결실을 맺을 수 있었습니다. 한국어 학습자들에게 도움을 줄 수 있어 집필자들도 기쁩니다.
    본 교재를 꼼꼼히 감수해 주신 한국외국어대학교의 허용 교수님, 그리고 깔끔한 편집과 원활한 소통으로 교재의 완성도를 높여 주신 한글파크 관계자들께 특별히 감사의 마음을 전합니다.

집필진 일동

일러두기

<Basic Daily Korean 1>은 1~10과로 구성되어 있다. 1~3과는 한글 익히기로 언어 보편적인 관점에서 그 순서를 제시하여 학습자들이 쉽고 빠르게 익힐 수 있도록 구성하였다. 4~10과는 '어휘→문법→연습→듣기→말하기→활동→자가 점검'의 순으로 구성되어 있다.

PART1 어휘

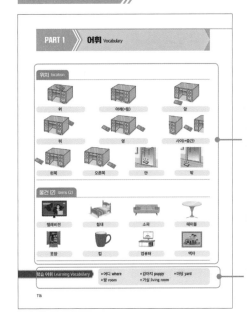

어휘는 주제별 기본 어휘를 바탕으로 학생들의 이해를 돕기 위한 사진과 그림을 제시하였다.

학습 어휘는 주제별 단어를 제외한 해당 과 학습에 필요한 단어와 표현을 제시하였다.

PART2 문법

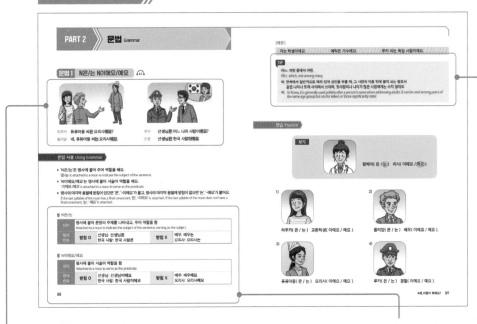

모든 문법은 대화문으로 제시하여 해당 문법이 어떤 상황에 사용되는지를 알 수 있도록 하였다.

학생들의 문법 오류를 방지하고자 TIP으로 해당 문법의 특이사항 및 유의점을 자세히 제시하였다.

문법은 의미와 형태를 표로 정리하여 문법 정보를 쉽게 이해할 수 있도록 하였다.

PART3 연습

실생활에 적용할 수 있는 대화문으로 연습 문제들을 구성하였다.

PART4 듣기

일상에서 사용하는 자연스러운 대화들로 해당 과의 학습 내용을 다시 한 번 확인할 수 있도록 지문과 문제들을 구성하였다.

PART5 말하기

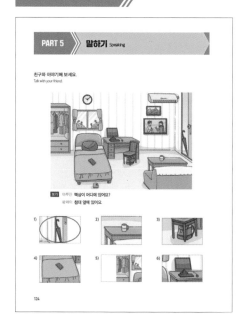

해당 과에서 배운 문법과 어휘를 사용하여 실제 상황에 적용할 수 있는 말하기 활동들로 구성하였다.

PART6 활동

해당 과에서 학습한 내용을 바탕으로 학생들의 상호 작용을 극대화할 수 있는 통합적인 활동들로 이루어져 있다.

PART7 자가 점검

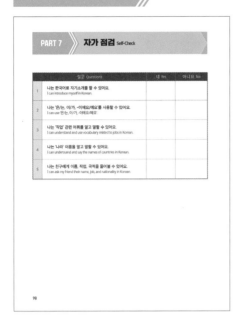

학습자가 해당 과의 학습 목표를 잘 성취하였는지
스스로 확인할 수 있게 하였다.

부록

듣기 지문

각 과의 듣기 지문을 제공하였다.

어휘 색인

해당 과의 어휘를 번역과 함께 제시하였다.

목차

교재 구성표

과 课	제목 标题	학습 내용 学习内容
1	**한글 (1)**	1) 모음 ㅏ, ㅣ, ㅜ, ㅔ, ㅐ, ㅗ, ㅓ, ㅡ 2) 자음(1) ㅁ, ㄴ, ㄹ, ㅇ 3) 이중모음(1) ㅑ, ㅠ, ㅖ, ㅒ, ㅛ, ㅕ 4) 자음(2) ㅍ, ㅂ, ㅃ, ㅋ, ㄱ, ㄲ
2	**한글 (2)**	1) 이중모음(2) ㅘ, ㅝ, ㅟ, ㅚ, ㅙ, ㅞ 2) 자음(3) ㅌ, ㄷ, ㄸ, ㅅ, ㅆ 3) 이중모음(3) ㅢ 4) 자음(4) ㅊ, ㅈ, ㅉ, ㅎ
3	**한글 (3)**	1) 받침 ㅁ, ㄴ, ㄹ, ㅇ 2) 받침 ㄱ, ㅂ, ㄷ
	부록	1) 한국어의 발음 규칙, 겹받침 2) 인사 표현 3) 교실 용어 4) 한국어 기본 문법

과 课	제목 标题	문법 및 표현 语法及表现	어휘 词汇	상황(기능) 状况(功能)
4	이름이 뭐예요?	N은/는 N이에요/예요 N이/가 N은/는 N이/가 아니에요	국가, 직업	소개하기
5	그것은 누구의 가방이에요?	이것/그것/저것 N의 N	물건(1)	사물 이름 말하기 누구의 물건인지 대답하기
6	옷이 어디에 있어요?	N(위치)에 있어요/없어요 N와/과	위치, 물건(2)	위치 묻고 대답하기
7	얼마예요?	숫자 1 숫자 2	숫자 (한자어), 돈	계산하기(돈 읽기)
8	치즈버거도 한 개 주세요.	단위명사 N + 주세요 그리고, 도	음식, 숫자 (고유어)	음식/음료 주문하기
9	오늘 뭐 해요?	A/V-아요/-어요/-해요(1) N을/를 시간N + 에	기본동사, 시간표현	시간 읽고 말하기
10	학교에서 공부를 해요?	A/V-아요/-어요/-해요(2) N에 가다/오다/다니다 장소 명사 + 에서 + V 안+A/V	장소	하루 일과 말하기

1과
第1课

한글 ①

韩文 ①

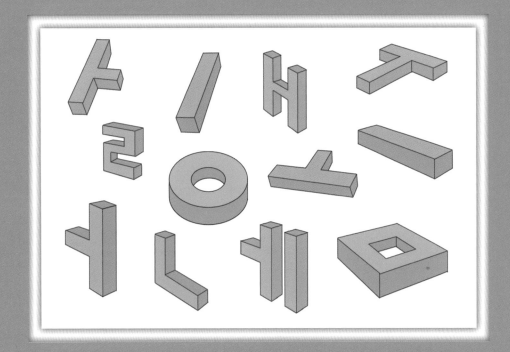

학습 목표 学习目标

1. 모음과 자음을 읽고 쓸 수 있어요.
   可以读写元音和辅音。

2. 모음과 자음이 결합된 글자를 읽을 수 있어요.
   可以读元音和辅音相结合的文字。

3. 모음과 자음이 결합된 어휘를 바르게 읽고 쓸 수 있어요.
   可以正确地读写元音和辅音相结合的词汇。

🔊 한글 전체듣기: 한글 발음을 들으세요. 🎧 1-1
听全部韩文: 请听韩文发音。

🔊 모음 듣기: 모음을 들으세요. 🎧 1-2
听元音: 请听元音。

모음 元音								
모음 元音	ㅏ	ㅓ	ㅗ	ㅜ	ㅡ	ㅣ	ㅔ	ㅐ
이중 모음 (1) 复合元音(双元音) (1)	ㅑ	ㅕ	ㅛ	ㅠ			ㅖ	ㅒ
이중 모음 (2) 复合元音(双元音) (2)	ㅘ	ㅝ	ㅚ	ㅟ			ㅖ	ㅙ
이중 모음 (3) 复合元音(双元音) (3)					ㅢ			

자음 辅音										
자음 (1) 辅音 (1)	ㅁ	ㄴ	ㄹ	ㅇ	ㄱ	ㅂ	ㄷ	ㅅ	ㅈ	ㅎ
자음 (2) 辅音 (2)					ㅋ	ㅍ	ㅌ		ㅊ	
자음 (3) 辅音 (3)					ㄲ	ㅃ	ㄸ	ㅆ	ㅉ	

TIP

한국어의 모음은 입모양, 입이 벌어지는 정도에 따라 다르게 발음해요.
韩语的元音根据口型、张嘴的程度，发音也不同。

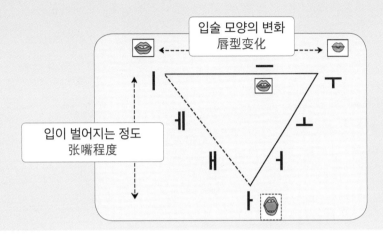

1 ㅏ, ㅣ, ㅜ

🔊🗣 **다음을 듣고 발음하세요. (입모양을 따라 하세요.) 🎧1-3**
请听下面的内容并发音。（请模仿口型。）

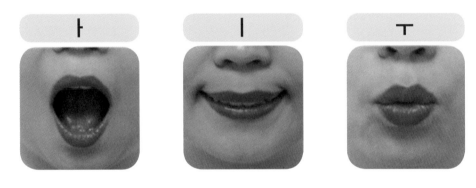

ㅏ	ㅣ	ㅜ

📖✏ **다음을 읽고 쓰세요.**
请读写下面的内容。

모음 元音	연습 练习			
아	아 아 아	아		
이	이 이	이		
우	우 우 우	우		

PART 1. 모음 ▶ ㅏ, ㅣ, ㅜ, ㅔ, ㅐ, ㅗ, ㅓ, ㅡ

TIP

ㅇ = 🔇 'ㅇ'이 받침일 때를 제외하고는 글자의 첫소리 모음으로 사용될 때는 음가가 없어요.
'ㅇ' 除了用做收音时以外，作为字的第一个音---元音使用时没有音值。

TIP

글자의 균형을 맞추어 써야 해요.
应该按照字的比例写。

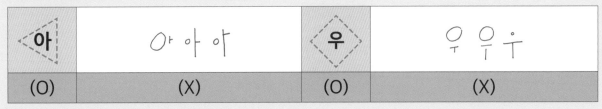

아	아 아 아	우	우 우 우
(O)	(X)	(O)	(X)

2 ㅔ, ㅐ, ㅗ, ㅓ, ㅡ

🔊 🗣 다음을 듣고 발음하세요. (입모양을 따라 하세요.) 🎧1-4
请听下面的内容并发音。(请模仿口型。)

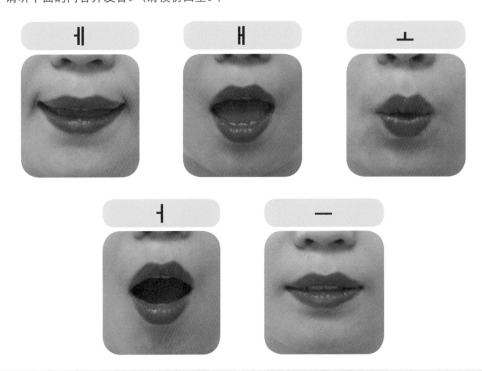

TIP

ㅔ≒ㅐ '·ㅔ'와 'ㅐ'는 매우 비슷한 소리로 발음해요.
'ㅔ' 和 'ㅐ' 发音非常相似。

소리를 듣고 입모양에 주의하면서 발음하세요. 1-5

听声音，注意口型并发音。

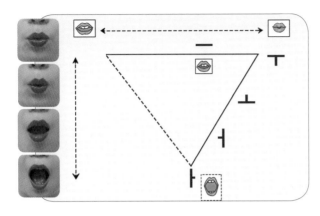 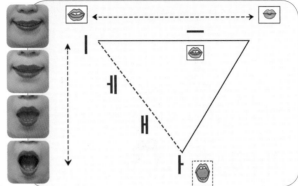

TIP

'오'와 '어' 발음을 유의해서 들어보세요.
请注意听'오'和'어'的发音区别。

다음을 읽고 쓰세요.

请读写下面的内容。

모음 元音	연습 练习				
에	에	에	에	에	
애	애	애	애	애	
오	오	오	오	오	
어	어	어	어	어	
으		으	으	으	

어휘 词汇

🔊 그림을 보면서 단어를 들으세요. 🎧1-6
请边看图片边听单词。

📖 📝 다음을 읽고 쓰세요.
请读写下面的内容。

아이 孩子		아이			
오 五		오			
이 二		이			
오이 黄瓜		오이			
아우 弟弟		아우			
우애 友爱、情谊		우애			

1. 다음을 잘 들으세요. 1-7

请仔细听下面的内容。

① 우, 어, 오, 으

② 우, 으   ③ 우, 어

④ 어, 오   ⑤ 어, 으   ⑥ 으, 오

 2. 다음을 잘 듣고 알맞은 것을 고르세요. 1-8

请仔细听下面的内容，然后选择正确的答案。

1) ① 어   ② 아   ③ 으   ④ 이

2) ① 오   ② 어   ③ 우   ④ 으

3) ① 오이   ② 오아   ③ 으이   ④ 우이

4) ① 아으   ② 어이   ③ 아우   ④ 우오

5) ① 아에   ② 우애   ③ 이애   ④ 에우

 3. 친구의 발음을 듣고 알맞은 것을 고르세요.

听朋友的发音并选择正确的答案。

1) ① 우 ② 으   **2)** ① 어 ② 오

3) ① 어 ② 으   **4)** ① 우 ② 오

5) ① 아 ② 어 ③ 으   **6)** ① 이 ② 애 ③ 오

7) ① 으 ② 이 ③ 우   **8)** ① 에 ② 어 ③ 아

9) ① 우 ② 어 ③ 오 ④ 으   **10)** ① 아 ② 에 ③ 오 ④ 어

PART 2. 자음 (1) 辅音 (1) ▷ ㅁ, ㄴ, ㄹ, ㅇ

🔊 자음 듣기: 자음을 들으세요. 🎧 1-9
听辅音: 请听辅音。

모음 元音								
모음 单元音	ㅏ	ㅓ	ㅗ	ㅜ	ㅡ	ㅣ	ㅔ	ㅐ
이중 모음 (1) 复合元音(双元音) (1)	ㅑ	ㅕ	ㅛ	ㅠ			ㅖ	ㅒ
이중 모음 (2) 复合元音(双元音) (2)	ㅘ	ㅝ	ㅚ	ㅟ			ㅞ	ㅙ
이중 모음 (3) 复合元音(双元音) (3)				ㅢ				

자음 辅音										
자음 (1) 辅音 (1)	ㅁ	ㄴ	ㄹ	ㅇ	ㄱ	ㅂ	ㄷ	ㅅ	ㅈ	ㅎ
자음 (2) 辅音 (2)					ㅋ	ㅍ	ㅌ		ㅊ	
자음 (3) 辅音 (3)					ㄲ	ㅃ	ㄸ	ㅆ	ㅉ	

18

듣고 발음하세요. 🔊 1-10
请听并发音。

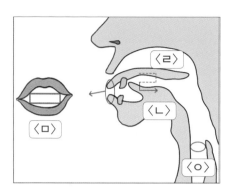

한국어의 자음은 소리가 나는 조음 위치의 모양에
따라 만들어졌어요.
韩语的辅音是根据发出声音的发音部位的样子创制
的。

다음을 쓰고 발음하세요.
请写下面的内容并发音。

자음 辅音	순서 顺序(笔画顺序)			연습 练习		
ㅁ	ㅁ	ㅁ	ㅁ	ㅁ		
ㄴ		ㄴ		ㄴ		
ㄹ	ㄹ	ㄹ	ㄹ	ㄹ		
ㅇ		ㅇ		ㅇ		

다음을 쓰고 읽으세요.
请写下并读出下面的内容。

자음 辅音	ㅏ	ㅣ	ㅗ	ㅜ	ㅓ	ㅡ
ㅁ	마					
ㄴ						
ㄹ						
ㅇ						

어휘 词汇

🔊 그림을 보면서 단어를 들으세요. 🎧 1-11
请边看图片边听单词。

📖📝 다음을 읽고 쓰세요.
请读写下面的内容。

나 我		나			
너 你		너			
나무 树		나무			
노래 歌		노래			
머리 头		머리			
우리 我们		우리			
어느 哪个		어느			
나라 国家		나라			

연습 练习

1. 다음을 잘 듣고 알맞은 것을 고르세요. 1-12
   请仔细听下面的内容，然后选择正确的答案。

   1) ① 모   ② 로   ③ 노   ④ 오

   2) ① 너   ② 머   ③ 어   ④ 러

   3) ① 우   ② 무   ③ 누   ④ 루

   4) ① 나   ② 라   ③ 너   ④ 러

   5) ① 레   ② 내   ③ 로   ④ 노

   6) ① 으   ② 므   ③ 느   ④ 르

2. 다음을 잘 듣고 알맞은 것을 고르세요. 1-13
   请仔细听下面的内容，然后选择正确的答案。

   1) ① 우리   ② 우니   ③ 어리   ④ 으니

   2) ① 로래   ② 너래   ③ 노래   ④ 모래

   3) ① 어리   ② 러리   ③ 머리   ④ 너리

   4) ① 너라   ② 노로   ③ 라라   ④ 나라

   5) ① 어누   ② 어느   ③ 어르   ④ 아르

3. 친구와 함께 빙고게임을 하세요.

和朋友一起玩bingo游戏吧。

보기	나 너 나무 노래 머리
	우리 어느 나라 아이

Bingo game

위에 있는 단어를 선택하고 원하는 빈 칸에 단어를 쓰세요. 그리고 친구와 번갈아 가면서 단어를 말하세요.
친구나 내가 말한 단어는 지우세요. 수평 (→), 수직(↑), 대각선(↗↙)으로 세 줄을 만든 사람이 이겨요!

选择上面的单词并写在你想要的空格里。然后和朋友轮流说出单词。擦掉朋友或自己说出的单词。横向 (→)、
纵向 (↑)、对角线 (↗↙) 连成三条线的人获胜！

PART 3. 이중모음 (1) 복合元音(双元音)(1)

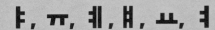

ㅑ, ㅠ, ㅖ, ㅒ, ㅛ, ㅕ

 이중모음을 들으세요. 🎧1-14
请听复合元音 (双元音)。

모음 元音								
모음 单元音	ㅏ	ㅓ	ㅗ	ㅜ	ㅡ	ㅣ	ㅔ	ㅐ
이중 모음 (1) 复合元音(双元音) (1)	ㅑ	ㅕ	ㅛ	ㅠ			ㅖ	ㅒ
이중 모음 (2) 复合元音(双元音) (2)	ㅘ	ㅝ	ㅚ	ㅟ			ㅞ	ㅙ
이중 모음 (3) 复合元音(双元音) (3)				ㅢ				

자음 辅音											
자음 (1) 辅音 (1)	ㅁ	ㄴ	ㄹ	ㅇ	ㄱ	ㅂ	ㄷ	ㅅ	ㅈ	ㅎ	
자음 (2) 辅音 (2)					ㅋ	ㅍ	ㅌ		ㅊ		
자음 (3) 辅音 (3)					ㄲ	ㅃ	ㄸ	ㅆ	ㅉ		

TIP

이중모음은 서로 다른 두 개의 모음이 합쳐져서 나타나요. 이중 모음을 발음할 때는 앞에서 배운 모음과 달리 입술의 모양이 변해요.
双元音是由两个不同的元音结合形成的。发双元音时，和前面学过的元音不同，唇型会发生变化。

1 ㅑ, ㅠ

🔊🗣 **다음을 듣고 발음하세요.** 🎧1-15
请听下面的内容并发音。

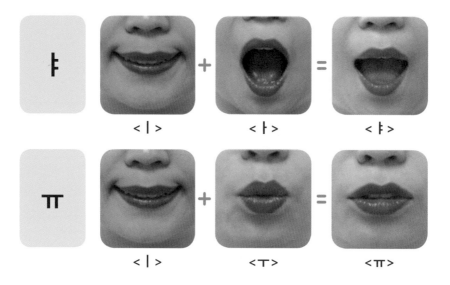

| ㅑ | < ㅣ > | + | < ㅏ > | = | < ㅑ > |
| ㅠ | < ㅣ > | + | < ㅜ > | = | < ㅠ > |

📖📝 **다음을 읽고 쓰세요.**
请读写下面的内容。

모음 元音	연습 练习						
ㅑ	ㅑ	ㅑ	ㅑ	ㅑ	ㅑ	ㅑ	ㅑ
ㅠ	ㅠ	ㅠ	ㅠ	ㅠ	ㅠ	ㅠ	ㅠ

2 ㅖ, ㅒ

다음을 듣고 발음하세요. 🎧 1-16
请听下面的内容并发音。

TIP

ㅖ ≒ ㅒ   'ㅖ'와 'ㅒ'는 매우 비슷한 소리로 발음해요.
'ㅖ'和'ㅒ'发音非常相似。

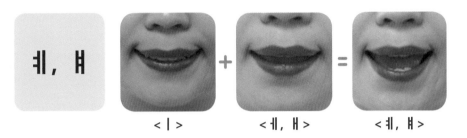

| | ㅖ, ㅒ | < ㅣ > | + | < ㅖ, ㅒ > | = | < ㅖ, ㅒ > |

다음을 읽고 쓰세요.
请读写下面的内容。

모음 元音	연습 练习						
ㅖ	ㅖ	ㅖ	ㅖ	ㅖ	ㅖ	ㅖ	ㅖ
ㅒ	ㅒ	ㅒ	ㅒ	ㅒ	ㅒ	ㅒ	ㅒ

3 ㅛ, ㅕ

다음을 듣고 발음하세요. 🎧 1-17
请听下面的内容并发音。

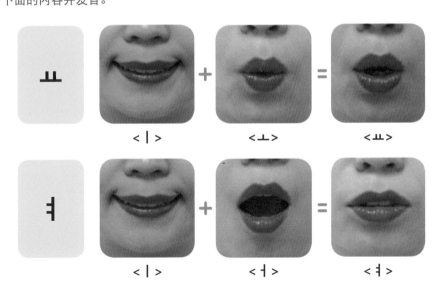

| ㅛ | < ㅣ > | + | < ㅗ > | = | < ㅛ > |
| ㅕ | < ㅣ > | + | < ㅓ > | = | < ㅕ > |

다음을 읽고 쓰세요.
请读写下面的内容。

모음 元音	연습 练习						
ㅛ	ㅛ	ㅛ	ㅛ	ㅛ	ㅛ	ㅛ	ㅛ
ㅕ	ㅕ	ㅕ	ㅕ	ㅕ	ㅕ	ㅕ	ㅕ

다음을 읽고 쓰세요.
请读写下面的内容。

모음 元音	연습 练习		
야	야		
유	유		
예	예		
얘	얘		
요	요		
여	여		

TIP

글자 모양은 ◁, ◇, △이 되어야 해요.
字形应当是 ◁、◇、△的形状。

야 (O)	야 야 야 이= (X)	유 (O)	유 으 (X)	요 (O)	오 오 이 (X)

TIP

모음을 정확히 발음하기 위해서는 거울로 입모양을 보면서 연습하세요.
为了元音发音正确，请对着镜子观察口型并练习。

어휘 词汇

🔊 그림을 보면서 단어를 들으세요. 🎧1-18
请边看图片边听单词。

📖 📝 다음을 읽고 쓰세요.
请读写下面的内容。

우유 牛奶		우유			
이유 理由		이유			
예 是、好		예			
아니요 不、不是		아니요			
요리 料理、菜肴		요리			
여우 狐狸		여우			

연습 练习

1. 다음을 잘 들으세요. (1-19)
请仔细听下面的内容。

① 야, 유, 요, 여   ② 아, 야   ③ 오, 요   ④ 우, 유

⑤ 어, 여   ⑥ 요, 여   ⑦ 여, 유

2. 다음을 잘 듣고 알맞은 것을 고르세요. (1-20)
请仔细听下面的内容，然后选择正确的答案。

1) ① 야   ② 여   ③ 요   ④ 유

2) ① 에   ② 예   ③ 어   ④ 요

3) ① 요우   ② 어우   ③ 얘우   ④ 여우

4) ① 이요   ② 이유   ③ 유우   ④ 우이

5) ① 어요   ② 요이   ③ 우유   ④ 여유

3. 친구의 발음을 듣고 알맞은 것을 고르세요.
听朋友的发音并选择正确的答案。

1) ① 야   ② 여   2) ① 요   ② 여

3) ① 오   ② 요   ③ 유   4) ① 우   ② 유   ③ 여

5) ① 야   ② 여   ③ 요   ④ 유   6) ① 야   ② 얘   ③ 여   ④ 요

7) ① 이유   ② 아유   8) ① 요이   ② 요리

9) ① 우유   ② 우요   10) ① 아니요   ② 아녀요

🔊 자음 듣기: 자음을 들으세요. 🎧1-21
听辅音: 请听辅音。

모음 元音								
모음 单元音	ㅏ	ㅓ	ㅗ	ㅜ	ㅡ	ㅣ	ㅔ	ㅐ
이중 모음 (1) 复合元音(双元音) (1)	ㅑ	ㅕ	ㅛ	ㅠ			ㅖ	ㅒ
이중 모음 (2) 复合元音(双元音) (2)	ㅘ	ㅝ	ㅚ	ㅟ			ㅞ	ㅙ
이중 모음 (3) 复合元音(双元音) (3)				ㅢ				

자음 辅音										
자음 (1) 辅音 (1)	ㅁ	ㄴ	ㄹ	ㅇ	ㄱ	ㅂ	ㄷ	ㅅ	ㅈ	ㅎ
자음 (2) 辅音 (2)					ㅋ	ㅍ	ㅌ		ㅊ	
자음 (3) 辅音 (3)					ㄲ	ㅃ	ㄸ	ㅆ	ㅉ	

① ㅍ, ㅂ, ㅃ   ② ㅋ, ㄱ, ㄲ

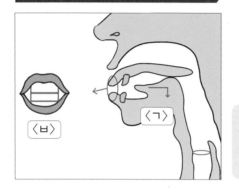

한국어의 자음은 소리가 나는 조음위치의 모양에 따라
만들어졌어요.
韩语的辅音是根据发出声音的发音部位的样子创制的。

1 ㅍ, ㅂ, ㅃ

다음을 듣고 발음하세요. 🎧1-22
请听下面的内容并发音。

다음을 쓰고 발음하세요.
请写下面的内容并发音。

자음 辅音	순서 顺序(笔画顺序)			연습 练习		
ㅍ	ㅍ	ㅍ	ㅍ	ㅍ	ㅍ	ㅍ
ㅂ	ㅂ	ㅂ	ㅂ	ㅂ	ㅂ	ㅂ	ㅂ
ㅃ	ㅃ	ㅃ	ㅃ	ㅃ	ㅃ	ㅃ	ㅃ

✏️🗣️ **다음을 쓰고 읽으세요.**
请写下并读出下面的内容。

자음 辅音	ㅏ	ㅣ	ㅜ	ㅗ	ㅓ	ㅡ
ㅍ	파					
ㅂ						
ㅃ						

2 ㅋ, ㄱ, ㄲ

🔊🗣️ **다음을 듣고 발음하세요.** 🎧1-23
请听下面的内容并发音。

✏️🗣️ **다음을 쓰고 발음하세요.**
请写下面的内容并发音。

자음 辅音	순서 顺序(笔画顺序)		연습 练习				
ㅋ	ㅋ	ㅋ	ㅋ	ㅋ	ㅋ	ㅋ	ㅋ
ㄱ	ㄱ		ㄱ	ㄱ	ㄱ	ㄱ	ㄱ
ㄲ	ㄲ	ㄲ	ㄲ	ㄲ	ㄲ	ㄲ	ㄲ

TIP
ㄱ = ㄱ

다음을 쓰고 읽으세요.

请写下并读出下面的内容。

자음 辅音	ㅏ	ㅣ	ㅜ	ㅗ	ㅓ	ㅡ
ㅋ	카					
ㄱ						
ㄲ						

> **TIP**
>
> '고, 구'와 같이 위쪽에 사용될 때는(▭)
>
> '가, 거'와 같이 왼쪽에 사용될 때는(▮)
>
> 像 '고, 구' 这样，在上面使用时
>
> 像 '가, 거' 这样，在左边使用时

어휘 词汇

🔊 그림을 보면서 단어를 들으세요. 🎧1-24
请边看图片边听单词。

📖 📝 다음을 읽고 쓰세요.
请读写下面的内容。

배 肚子、船、梨		배		
아파요 疼、痛		아파요		
뽀뽀 亲亲、亲嘴儿		뽀뽀		
예뻐요 漂亮		예뻐요		

📖 📝 다음을 읽고 쓰세요.
请读写下面的内容。

구 九		구			
고기 肉		고기			
코피 鼻血		코피			
커피 咖啡		커피			
꼬리 尾巴		꼬리			

연습 练习

 1. 다음을 잘 들으세요. 🎧1-25
请仔细听下面的内容。

① 바, 파, 빠   ② 바, 파   ③ 바, 빠   ④ 파, 빠

⑤ 부, 푸, 뿌   ⑥ 부, 푸   ⑦ 부, 뿌   ⑧ 푸, 뿌

 2. 다음을 잘 들으세요. 🎧1-26
请仔细听下面的内容。

① 가, 카, 까   ② 가, 카   ③ 가, 까   ④ 카, 까

 3. 다음을 잘 듣고 알맞은 것을 고르세요. 🎧1-27
请仔细听下面的内容，然后选择正确的答案。

1) ① 배   ② 바   ③ 패   ④ 빼

2) ① 부부   ② 부푸   ③ 뽀뽀   ④ 포포

3) ① 예뻐요   ② 아파요   ③ 바빠요   ④ 버뻐요

 4. 다음을 잘 듣고 알맞은 것을 고르세요. 🎧1-28
请仔细听下面的内容，然后选择正确的答案。

1) ① 거피   ② 커피   ③ 꺼피   ④ 코피

2) ① 고리   ② 코리   ③ 꼬리   ④ 끄리

3) ① 꺼기   ② 고기   ③ 그기   ④ 코기

 5. 친구의 발음을 듣고 알맞은 것을 고르세요.
听朋友的发音并选择正确的答案。

1) ① 가   ② 카   2) ① 구   ② 꾸

3) ① 바   ② 파   ③ 빠   4) ① 보보   ② 포포   ③ 뽀뽀

5) ① 구기   ② 쿠키   ③ 고기   6) ① 코피   ② 커피   ③ 구피

7) ① 아파요   ② 아빠요   ③ 아바요   8) ① 버바요   ② 바파요   ③ 바빠요

질문 问题	네 是	아니요 不是
1 나는 '아, 이, 우'를 읽고 쓸 수 있어요. 我可以读写 "아, 이, 우"。		
2 나는 '에, 애, 오, 어, 으'를 읽고 쓸 수 있어요. 我可以读写 "에, 애, 오, 어, 으"。		
3 나는 / ㅁ, ㄴ, ㄹ, ㅇ / 을 읽고 쓸 수 있어요. 我可以读写 / ㅁ, ㄴ, ㄹ, ㅇ /。		
4 나는 '야, 유'를 읽고 쓸 수 있어요. 我可以读写 "야, 유"。		
5 나는 '얘, 예'를 읽고 쓸 수 있어요. 我可以读写 "얘, 예"。		
6 나는 '요, 여'를 읽고 쓸 수 있어요. 我可以读写 "요, 여"。		
7 나는 / ㅍ, ㅂ, ㅃ /를 읽고 쓸 수 있고 / ㅍ, ㅂ, ㅃ /를 듣고 구분할 수 있어요. 我可以读写 / ㅍ, ㅂ, ㅃ /, 并且可以听辨和区分 / ㅍ, ㅂ, ㅃ /。		
8 나는 / ㅋ, ㄱ, ㄲ /를 읽고 쓸 수 있고 / ㅋ, ㄱ, ㄲ /를 듣고 구분할 수 있어요. 我可以读写 / ㅋ, ㄱ, ㄲ /, 并且可以听辨和区分 / ㅋ, ㄱ, ㄲ /。		

한글 ②

韩文 ②

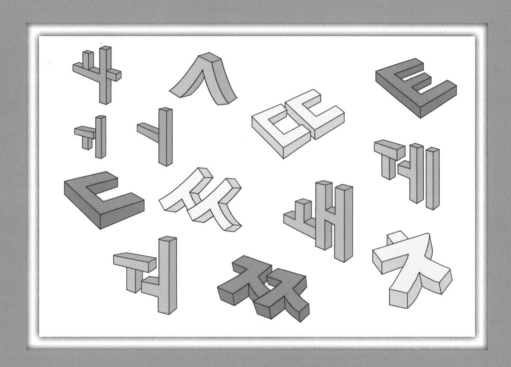

1. 모음 /ㅘ, ㅝ, ㅟ, ㅚ, ㅒ, ㅖ, ㅢ/, 자음 /ㅌ, ㄷ, ㄸ, ㅅ, ㅆ, ㅊ, ㅈ, ㅉ, ㅎ/
   을 읽고 쓸 수 있어요.
   可以读写元音 / ㅘ, ㅝ, ㅟ, ㅚ, ㅒ, ㅖ, ㅢ /, 辅音 / ㅌ, ㄷ, ㄸ, ㅅ, ㅆ,
   ㅊ, ㅈ, ㅉ, ㅎ / 。

2. 모음과 자음이 결합된 글자를 읽을 수 있어요.
   可以读元音和辅音相结合的文字。

3. 모음과 자음이 결합된 어휘를 바르게 읽고 쓸 수 있어요.
   可以正确地读写元音和辅音相结合的词汇。

PART 1. 이중모음 (2)　复合元音 (双元音)(2)　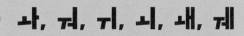　ㅘ, ㅝ, ㅟ, ㅚ, ㅙ, ㅞ

🔊 이중모음을 들으세요. 🎧 2-1
请听复合元音（双元音）。

모음 元音								
모음 单元音	ㅏ	ㅓ	ㅗ	ㅜ	ㅡ	ㅣ	ㅔ	ㅐ
이중 모음 (1) 复合元音(双元音)(1)	ㅑ	ㅕ	ㅛ	ㅠ			ㅖ	ㅒ
이중 모음 (2) 复合元音(双元音)(2)	ㅘ	ㅝ	ㅚ	ㅟ			ㅞ	ㅙ
이중 모음 (3) 复合元音(双元音)(3)				ㅢ				

자음 辅音										
자음 (1) 辅音 (1)	ㅁ	ㄴ	ㄹ	ㅇ	ㄱ	ㅂ	ㄷ	ㅅ	ㅈ	ㅎ
자음 (2) 辅音 (2)					ㅋ	ㅍ	ㅌ		ㅊ	
자음 (3) 辅音 (3)					ㄲ	ㅃ	ㄸ	ㅆ	ㅉ	

1 ㅘ, ㅝ, ㅟ

다음을 듣고 발음하세요. 🎧 2-2

请听下面的内容并发音。

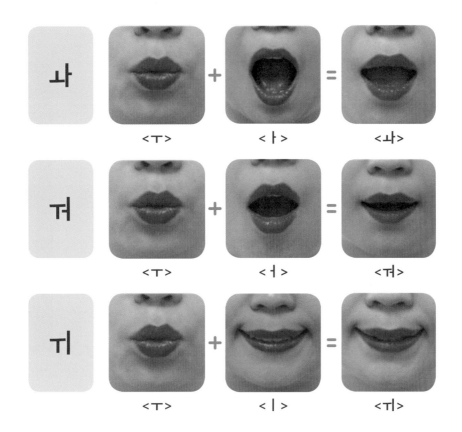

| ㅘ | <ㅜ> | + | <ㅏ> | = | <ㅘ> |

| ㅝ | <ㅜ> | + | <ㅓ> | = | <ㅝ> |

| ㅟ | <ㅜ> | + | <ㅣ> | = | <ㅟ> |

다음을 읽고 쓰세요.

请读写下面的内容。

모음 元音	연습 练习							
ㅘ	ㅘ	ㅘ	ㅘ	ㅘ	ㅘ	ㅘ	ㅘ	ㅘ
ㅝ	ㅝ	ㅝ	ㅝ	ㅝ	ㅝ	ㅝ	ㅝ	ㅝ
ㅟ		ㅟ	ㅟ	ㅟ	ㅟ	ㅟ	ㅟ	ㅟ

2 ㅚ, ㅙ, ㅞ

TIP

ㅚ≒ㅙ≒ㅞ 'ㅚ', 'ㅙ', 'ㅞ'는 매우 비슷한 소리로 발음해요.
'ㅚ', 'ㅙ', 'ㅞ' 发音非常相似。

🔊 🗣 **다음을 듣고 발음하세요.** 🎧2-3
请听下面的内容并发音。

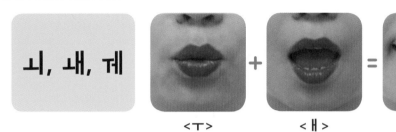

ㅚ, ㅙ, ㅞ

<ㅜ> + <ㅐ> = <ㅙ>

📖 ✏ **다음을 읽고 쓰세요.**
请读写下面的内容。

모음 元音	연습 练习						
ㅚ	ㅚ	ㅚ	ㅚ		ㅚ	ㅚ	ㅚ
ㅙ	ㅙ	ㅙ	ㅙ	ㅙ	ㅙ	ㅙ	ㅙ
ㅞ	ㅞ	ㅞ	ㅞ	ㅞ	ㅞ	ㅞ	ㅞ

📖 ✏ **다음을 읽고 쓰세요.**
请读写下面的内容。

모음 元音	연습 练习			모음 元音	연습 练习		
와	와			외	외		
워	워			왜	왜		
위	위			웨	웨		

TIP

와	오ㅏ 우ㅏ 오ㅏ	왜	오ㅐ 오ㅐ	위	우ㅓ 우ㅓ 우ㅓ
(O)	(X)	(O)	(X)	(O)	(X)

그림을 보면서 단어를 들으세요. 2-4
请边看图片边听单词。

다음을 읽고 쓰세요.
请读写下面的内容。

와요 오다: 来		와요		
위 胃、上面		위		
왜 为什么		왜		
뭐 什么		뭐		
외워요 외우다: 背诵、默记		외워요		
매워요 맵다: 辣		매워요		
어려워요 어렵다: 难		어려워요		

연습 练习

 1. 다음을 잘 들으세요. (2-5)
请仔细听下面的内容。

① 와, 워, 위, 왜   ② 외, 왜, 웨   ③ 위, 워

④ 외, 위   ⑤ 와, 왜   ⑥ 와, 워

 2. 다음을 잘 듣고 알맞은 것을 고르세요. (2-6)
请仔细听下面的内容，然后选择正确的答案。

1) ① 와   ② 워   ③ 위   ④ 웨

2) ① 외   ② 와   ③ 위   ④ 워

3) ① 워   ② 웨   ③ 왜   ④ 와

4) ① 오   ② 워   ③ 웨   ④ 외

5) ① 와   ② 야   ③ 왜   ④ 워

 3. 다음을 잘 듣고 알맞은 것을 고르세요. (2-7)
请仔细听下面的内容，然后选择正确的答案。

1) ① 워   ② 웨   ③ 위   ④ 와

2) ① 뷔요   ② 뷔요   ③ 봐요   ④ 봬요

3) ① 워요   ② 와요   ③ 위요   ④ 웨요

4) ① 매워요   ② 배워요   ③ 비워요   ④ 미워요

5) ① 아려워요   ② 어려워요   ③ 오려워요   ④ 아려와요

4. 친구의 발음을 듣고 알맞은 것을 고르세요.
听朋友的发音并选择正确的答案。

1) ① 으   ② 이   ③ 외   ④ 위   2) ① 우   ② 어   ③ 오   ④ 으

3) ① 와   ② 워   ③ 웨   ④ 야   4) ① 여   ② 요   ③ 유   ④ 워

5) ① 왜   ② 야   ③ 워   ④ 위   6) ① 웨   ② 위   ③ 으   ④ 요

7) ① 애   ② 예   ③ 왜   ④ 여   8) ① 이   ② 야   ③ 여   ④ 위

9) ① 워   ② 와   ③ 우   ④ 어   10) ① 와   ② 오   ③ 요   ④ 유

PART 2. 자음 (3) 辅音 (3)   ㅌ, ㄷ, ㄸ, ㅅ, ㅆ

🔊 자음 듣기: 자음을 들으세요. 🎧2-8
听辅音: 请听辅音。

모음 元音								
모음 单元音	ㅏ	ㅓ	ㅗ	ㅜ	ㅡ	ㅣ	ㅔ	ㅐ
이중 모음 (1) 复合元音(双元音)(1)	ㅑ	ㅕ	ㅛ	ㅠ			ㅖ	ㅒ
이중 모음 (2) 复合元音(双元音)(2)	ㅘ	ㅝ	ㅚ	ㅟ			ㅖ	ㅙ
이중 모음 (3) 复合元音(双元音)(3)				ㅢ				

자음 辅音											
자음 (1) 辅音 (1)	ㅁ	ㄴ	ㄹ	ㅇ	ㄱ	ㅂ	ㄷ	ㅅ	ㅈ	ㅎ
자음 (2) 辅音 (2)					ㅋ	ㅍ	ㅌ		ㅊ	
자음 (3) 辅音 (3)					ㄲ	ㅃ	ㄸ	ㅆ	ㅉ	

1 ㅌ, ㄷ, ㄸ

다음을 듣고 발음하세요. 🎧2-9

请听下面的内容并发音。

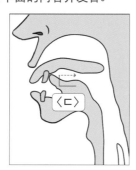

/ㄷ/은 /ㄴ/의 모양을 본떠서 만들어졌어요.
/ㄷ/是模仿/ㄴ/的样子创制出来的。

다음을 쓰고 발음하세요.

请写下面的内容并发音。

자음 辅音	순서 顺序(笔画顺序)				연습 练习			
ㅌ	ㅌ	ㅌ	ㅌ		ㅌ	ㅌ	ㅌ	ㅌ
ㄷ		ㄷ	ㄷ		ㄷ	ㄷ	ㄷ	ㄷ
ㄸ	ㄸ	ㄸ	ㄸ	ㄸ	ㄸ	ㄸ	ㄸ	ㄸ

다음을 쓰고 읽으세요.

请写下并读出下面的内容。

자음 辅音	ㅏ	ㅣ	ㅜ	ㅗ	ㅓ	ㅡ
ㅌ	타					
ㄷ						
ㄸ						

2 ㅅ, ㅆ

다음을 듣고 발음하세요. 🔊 2-10
请听下面的内容并发音。

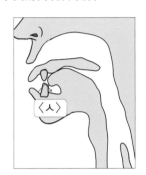

/ ㅅ, ㅆ /는 이의 모양을 본떠서 만들어졌어요.
/ㅅ, ㅆ/是模仿牙齿的样子创制出来的。

다음을 쓰고 발음하세요.
请写下面的内容并发音。

자음 辅音	순서 顺序(笔画顺序)	연습 练习
ㅅ	ㅅ ㅅ	ㅅ ㅅ ㅅ ㅅ
ㅆ	ㅆ ㅆ ㅆ ㅆ	ㅆ ㅆ ㅆ ㅆ

다음을 쓰고 읽으세요.
请写下并读出下面的内容。

자음 辅音	ㅏ	ㅣ	ㅜ	ㅗ	ㅓ	ㅡ
ㅅ	사					
ㅆ						

TIP

ㅅ = ㅅ ㅆ = ㅆ

어휘 词汇

그림을 보면서 단어를 들으세요. 2-11
请边看图片边听单词。

 다음을 읽고 쓰세요.
请读写下面的内容。

다리 桥、腿		다리			
타요 타다: 骑、燃烧		타요			
따요 따다: 采摘		따요			
토마토 番茄(西红柿) 	토마토				

다음을 읽고 쓰세요.
请读写下面的内容。

사 四	**4**	사			
사요 사다: 买		사요			
싸요 싸다: 便宜		싸요			
써요 쓰다: 写		써요			
쉬워요 쉽다: 简单(容易)	쉬워요				
쉬어요 쉬다: 休息	쉬어요				

연습 练习

1. 다음을 잘 들으세요. 🎧 2-12
请仔细听下面的内容。

① 다, 타, 따	② 다, 타	③ 다, 따	④ 타, 따
⑤ 도, 토, 또	⑥ 도, 토	⑦ 도, 또	⑧ 토, 또

2. 다음을 잘 듣고 알맞은 것을 고르세요. 🎧 2-13
请仔细听下面的内容，然后选择正确的答案。

1) ① 다	② 토	③ 따	④ 투
2) ① 도	② 타	③ 떠	④ 따
3) ① 소	② 서	③ 쏘	④ 써
4) ① 시	② 씨	③ 쉬	④ 쒸
5) ① 사가	② 싸과	③ 사과	④ 사까
6) ① 타요	② 터요	③ 따요	④ 떠요
7) ① 쉬어요	② 쉬워요	③ 시어요	④ 시워요
8) ① 터워요	② 타와요	③ 더워요	④ 도와요

3. 친구의 발음을 듣고 알맞은 것을 고르세요.
听朋友的发音并选择正确的答案。

1) ① 왜	② 위	2) ① 뼈	② 벼
3) ① 도끼	② 토끼	4) ① 마리	② 머리
5) ① 거기	② 고기	6) ① 커피	② 코피
7) ① 샤워	② 시워	8) ① 시계	② 사계
9) ① 마셔요	② 모셔요	10) ① 쉬어요	② 쉬워요

4. 친구와 함께 빙고게임을 하세요.

和朋友一起玩bingo游戏吧。

보기	따요	타요	뭐	다리	토마토
	싸요	사요	쉬어요	쉬워요	

Bingo game

위에 있는 단어를 선택하고 원하는 빈 칸에 단어를 쓰세요. 그리고 친구와 번갈아 가면서 단어를 말하세요.
친구나 내가 말한 단어는 지우세요. 수평 (→), 수직(↑), 대각선(↗↙)으로 세 줄을 만든 사람이 이겨요!

选择上面的单词并写在你想要的空格里。然后和朋友轮流说出单词。擦掉朋友或自己说出的单词。横向（→）、
纵向（↑）、对角线（↗↙）连成三条线的人获胜！

🔊 모음 듣기: 모음을 들으세요. 🎧2-14
听元音: 请听元音。

모음 元音								
모음 单元音	ㅏ	ㅓ	ㅗ	ㅜ	ㅡ	ㅣ	ㅔ	ㅐ
이중 모음 (1) 复合元音(双元音)(1)	ㅑ	ㅕ	ㅛ	ㅠ			ㅖ	ㅒ
이중 모음 (2) 复合元音(双元音)(2)	ㅘ	ㅝ	ㅚ	ㅟ			ㅞ	ㅙ
이중 모음 (3) 复合元音(双元音)(3)				ㅢ				

자음 辅音										
자음 (1) 辅音(1)	ㅁ	ㄴ	ㄹ	ㅇ	ㄱ	ㅂ	ㄷ	ㅅ	ㅈ	ㅎ
자음 (2) 辅音(2)					ㅋ	ㅍ	ㅌ		ㅊ	
자음 (3) 辅音(3)					ㄲ	ㅃ	ㄸ	ㅆ	ㅉ	

다음을 듣고 발음하세요. 🔊 2-15
请听下面的内容并发音。

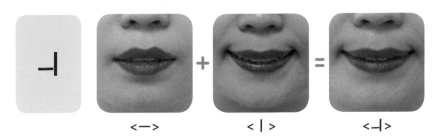

\<—\>　\<ㅣ\>　\<ㅢ\>

모음을 쓰면서 읽으세요.
请边写元音边读。

모음 元音	연습 练习				
ㅢ	ㅢ	ㅢ	ㅢ	ㅢ	ㅢ

다음을 읽고 쓰세요.
请读写下面的内容。

모음 元音	연습 练习				
의	의				

TIP

의 - '의 ,이, 에'
'의'는 3가지 소리가 있어요. 첫음절에서는 '의', 첫음절이 아닌 곳에서는 '이', 소유격 '-의'일 때는 '에'로 발음해요.
"의"有三种发音。
在第一个音节时读作"의"，在非第一个音节时读作"이"，作为所有格"-의"时读作"에"。

TIP

의	읰 읙
(O)	(X)

어휘·연습 词汇·练习

🔊 그림을 보면서 단어를 들으세요. 🎧2-16
请边看图片边听单词。

📖 📝 다음을 읽고 쓰세요.
请读写下面的内容。

의사 医生		의사			
의자 椅子		의자			
의미 意思	사과 = 🍎 apple	의미			
무늬 花纹		무늬			

🔊 1. 다음을 잘 들으세요. 🎧2-17
请仔细听下面的内容。

① 의   ② 의사   ③ 예의   ④ 나의 토마토   ⑤ 의의

🔊 2. 친구의 발음을 듣고 알맞은 것을 고르세요.
听朋友的发音并选择正确的答案。

1) ① 으 ② 이 ③ 의 ④ 위   **2)** ① 우 ② 어 ③ 오 ④ 으

3) ① 와 ② 워 ③ 웨 ④ 야   **4)** ① 여 ② 요 ③ 유 ④ 워

5) ① 왜 ② 야 ③ 워 ④ 위   **6)** ① 의 ② 위 ③ 으 ④ 요

7) ① 애 ② 예 ③ 왜 ④ 여   **8)** ① 이 ② 야 ③ 여 ④ 위

9) ① 워 ② 와 ③ 우 ④ 어   **10)** ① 와 ② 오 ③ 요 ④ 유

PART 4. 자음 (4) 辅音 (4)   ㅊ, ㅈ, ㅉ, ㅎ

 자음 듣기: 자음을 들으세요. 🎧2-18

听辅音: 请听辅音。

모음 元音

모음 单元音	ㅏ	ㅓ	ㅗ	ㅜ	ㅡ	ㅣ	ㅔ	ㅐ
이중 모음 (1) 复合元音(双元音) (1)	ㅑ	ㅕ	ㅛ	ㅠ			ㅖ	ㅒ
이중 모음 (2) 复合元音(双元音) (2)	ㅘ	ㅝ	ㅚ	ㅟ			ㅞ	ㅙ
이중 모음 (3) 复合元音(双元音) (3)				ㅢ				

자음 辅音

자음 (1) 辅音 (1)	ㅁ	ㄴ	ㄹ	ㅇ	ㄱ	ㅂ	ㄷ	ㅅ	ㅈ	ㅎ
자음 (2) 辅音 (2)					ㅋ	ㅍ	ㅌ		ㅊ	
자음 (3) 辅音 (3)					ㄲ	ㅃ	ㄸ	ㅆ	ㅉ	

① ㅊ, ㅈ, ㅉ ② ㅎ

1 ㅊ, ㅈ, ㅉ

다음을 듣고 발음하세요. 2-19
请听下面的内容并发音。

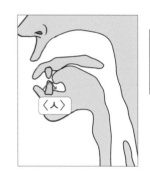

/ㅈ/은 /ㅅ/의 모양을 본떠서 만들어졌어요.
/ㅈ/是模仿/ㅅ/的样子创制出来的。

다음을 쓰고 발음하세요.
请写下面的内容并发音。

자음 辅音	순서 顺序(笔画顺序)			연습 练习			
ㅊ	ㅊ	ㅊ	ㅊ	ㅊ	ㅊ	ㅊ	ㅊ
ㅈ	ㅈ	ㅈ		ㅈ	ㅈ	ㅈ	ㅈ
ㅉ	ㅉ	ㅉ	ㅉ ㅉ	ㅉ	ㅉ	ㅉ	ㅉ

다음을 쓰고 읽으세요.
请写下并读出下面的内容。

자음 辅音	ㅏ	ㅣ	ㅜ	ㅗ	ㅓ	ㅡ
ㅊ	차					
ㅈ						
ㅉ						

2 ㅎ

🔊 🗣 **다음을 듣고 발음하세요.** 🎧 2-20
请听下面的内容并发音。

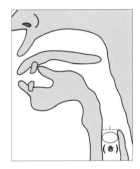

/ㅎ/은 /ㅇ/의 모양을 본떠서 만들어졌어요.
/ㅎ/是模仿/ㅇ/的样子创制出来的。

📝 🗣 **다음을 쓰고 발음하세요.**
请写下面的内容并发音。

자음 辅音	순서 顺序(笔画顺序)			연습 练习			
ㅎ	ㅎ	ㅎ	ㅎ	ㅎ	ㅎ	ㅎ	ㅎ

📝 🗣 **다음을 쓰고 읽으세요.**
请写下并读出下面的内容。

자음 辅音	ㅏ	ㅣ	ㅜ	ㅗ	ㅓ	ㅡ
ㅎ	하					

TIP

ㅈ=ㅈ=ㅈ / ㅊ=ㅊ=ㅊ
ㅎ=ㅎ=ㅎ=ㅎ

어휘 词汇

🔊 그림을 보면서 단어를 들으세요. 🎧2-21
请边看图片边听单词。

📖 📝 다음을 읽고 쓰세요.
请读写下面的内容。

자요 자다: 睡觉		자요			
차요 차다: 凉、踢		차요			
짜요 짜다: 咸		짜요			
주스 果汁		주스			
치즈 奶酪(芝士)		치즈			
찌개 ~汤(~锅)		찌개			
하나 一		하나			
혀 舌头		혀			
회사 公司		회사			

연습 练习

 1. 다음을 잘 들으세요. 🎧2-22
   请仔细听下面的内容。

   ① 자, 차, 짜   ② 자, 차   ③ 자, 짜   ④ 차, 짜

 2. 다음을 잘 듣고 알맞은 것을 고르세요. 🎧2-23
   请仔细听下面的内容，然后选择正确的答案。

   1) ① 자   ② 차   ③ 짜   ④ 싸
   2) ① 사   ② 자   ③ 짜   ④ 차
   3) ① 쉬   ② 위   ③ 쥐   ④ 뒤
   4) ① 치   ② 지   ③ 디   ④ 시
   5) ① 소   ② 조   ③ 도   ④ 초

🔊 3. 다음을 잘 듣고 알맞은 것을 고르세요. 🎧2-24
   请仔细听下面的内容，然后选择正确的答案。

   1) ① 지   ② 쥐   ③ 찌   ④ 치
   2) ① 자요   ② 짜요   ③ 차요   ④ 사요
   3) ① 줘요   ② 추요   ③ 조요   ④ 좌요
   4) ① 조스   ② 주스   ③ 주수   ④ 추스
   5) ① 기자   ② 키자   ③ 기차   ④ 기짜

🔊 4. 다음을 잘 듣고 알맞은 것을 고르세요. 🎧2-25
   请仔细听下面的内容，然后选择正确的答案。

   1) ① 해   ② 혀   ③ 하   ④ 허
   2) ① 히   ② 휘   ③ 회   ④ 해
   3) ① 호리   ② 허리   ③ 흐리   ④ 후리
   4) ① 히나   ② 하노   ③ 하나   ④ 허누
   5) ① 허수   ② 하서   ③ 호시   ④ 호수

5. 친구와 함께 빙고게임을 하세요.

和朋友一起玩bingo游戏吧。

보기   사 구 토마토 쉬어요 왜 뭐 어려워요 뽀뽀
자요 의사 하나 허리 회사 치즈 무늬 커피

Bingo game

위에 있는 단어를 선택하고 원하는 빈 칸에 단어를 쓰세요. 그리고 친구와 번갈아 가면서 단어를 말하세요. 친구나 내가 말한 단어는 지우세요. 수평 (→), 수직(↑), 대각선(↗↙)으로 세 줄을 만든 사람이 이겨요!

选择上面的单词并写在你想要的空格里。然后和朋友轮流说出单词。擦掉朋友或自己说出的单词。横向 (→)、纵向 (↑)、对角线 (↗↙) 连成三条线的人获胜！

질문 问题	네 是	아니요 不是
1 나는 '와, 워, 위'를 읽고 쓸 수 있어요. 我可以读写 "와, 워, 위"。		
2 나는 '외, 왜, 웨'를 읽고 쓸 수 있어요. 我可以读写 "외, 왜, 웨"。		
3 나는 '의'를 읽고 쓸 수 있어요. 我可以读写 "의"。		
4 나는 / ㅌ, ㄷ, ㄸ /를 읽고 쓸 수 있으며 / ㅌ, ㄷ, ㄸ /를 듣고 구분할 수 있어요. 我可以读写 /ㅌ, ㄷ, ㄸ/, 并且可以听辨和区分 /ㅌ, ㄷ, ㄸ/。		
5 나는 / ㅅ, ㅆ /를 읽고 쓸 수 있으며 / ㅅ, ㅆ /를 듣고 구분할 수 있어요. 我可以读写 /ㅅ, ㅆ/, 并且可以听辨和区分 /ㅅ, ㅆ/。		
6 나는 / ㅊ, ㅈ, ㅉ /를 읽고 쓸 수 있으며 / ㅊ, ㅈ, ㅉ /를 듣고 구분할 수 있어요. 我可以读写 /ㅊ, ㅈ, ㅉ/, 并且可以听辨和区分 /ㅊ, ㅈ, ㅉ/。		
7 나는 / ㅎ /를 읽고 쓸 수 있어요. 我可以读写 /ㅎ/。		

한글 ❸

韓文 ❸

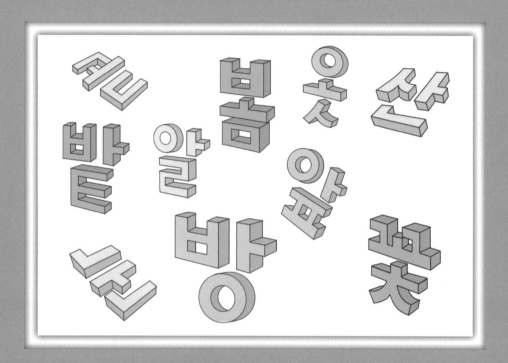

학습 목표 学习目标

1. 받침이 있는 글자를 바르게 읽고 쓸 수 있어요.
   可以正确读写带有收音的文字。

2. 서로 다른 받침 소리를 구분하여 읽고 쓸 수 있어요.
   可以区分不同的收音并读写。

3. 받침이 있는 어휘를 바르게 읽고 쓸 수 있어요.
   可以正确读写带有收音的词汇。

받침 收音

한국어에서 마지막 자음은 글자 아래에 쓰며, 이것을 '받침'이라고 해요. 받침은 자음이 하나만 올 수도 있고 두 개가 올 수도 있어요.

在韩语中，最后一个辅音写在文字的下方，称为"收音"。收音可以是一个辅音，也可以是两个辅音。

1 받침 /ㅁ, ㄴ, ㄹ, ㅇ / 收音 /ㅁ, ㄴ, ㄹ, ㅇ/

음절 마지막의 /ㅁ, ㄴ, ㄹ, ㅇ/은 [ㅁ, ㄴ, ㄹ, ㅇ]으로 발음해요.

音节末尾的 /ㅁ, ㄴ, ㄹ, ㅇ/ 发音为 [ㅁ, ㄴ, ㄹ, ㅇ]。

다음을 듣고 따라 하세요. 🎧3-1

请听并跟读下面的内容。

받침 收音	발음 发音	예시 例子
ㅁ	암	밤, 김치, 사람
ㄴ	안	눈, 산, 친구
ㄹ	알	물, 발, 딸기
ㅇ	앙	빵, 공, 사랑

2 받침 /ㄱ, ㅂ, ㄷ/ 收音 /ㄱ, ㅂ, ㄷ/

음절 마지막의 /ㄱ, ㄲ, ㅋ/는 [ㄱ]로 발음해요.
音节末尾的 /ㄱ, ㄲ, ㅋ/ 发音为 [ㄱ]。

음절 마지막의 /ㅂ, ㅍ/는 [ㅂ]로 발음해요.
音节末尾的 /ㅂ, ㅍ/ 发音为 [ㅂ]。

음절 마지막의 /ㄷ, ㅌ, ㅅ, ㅆ, ㅈ, ㅊ, ㅎ/는 [ㄷ]로 발음해요.
音节末尾的 /ㄷ, ㅌ, ㅅ, ㅆ, ㅈ, ㅊ, ㅎ/ 发音为 [ㄷ]。

(1) 악, 앆, 앜	→ [악]
(2) 앞, 압	→ [압]
(3) 앋, 앝, 앗, 았, 앚, 앛, 앟	→ [앋]

 다음을 듣고 따라 하세요. 🎧3-2
请听并跟读下面的内容。

받침 收音	발음 发音	예시 例子
ㄱ, ㄲ, ㅋ	악	책, 밖, 부엌
ㅂ, ㅍ	압	집, 앞, 무릎
ㄷ, ㅌ, ㅅ, ㅆ, ㅈ, ㅊ, ㅎ	앋	끝, 빗, 꽃, 히읗, 받침

> **TIP**
>
> 글자를 쓸 때 다음과 같은 형태로 쓰지 마세요. 정확하게 쓰세요.
> 写文字时，不要用以下形式书写。请正确书写。
>
> 받침 무릎 쌀 히을
>
> ➡ 받침, 무릎, 쌀, 히읗

3 받침 ㅁ

다음을 듣고 따라 하세요. 3-3
请听并跟读下面的内容。

1) ① 고 ② 곰   2) ① 배 ② 뱀   3) ① 추 ② 춤
4) ① 모 ② 몸   5) ① 꾸 ② 꿈   6) ① 사 ② 삼

다음 단어를 듣고 쓰세요. 3-4
请听并写下面的单词。

삼 三	3	삼			
이름 名字		이름			
사람 人		사람			

4 받침 ㄴ

다음을 듣고 따라 하세요. 3-5
请听并跟读下面的内容。

1) ① 나 ② 난   2) ① 소 ② 손   3) ① 도 ② 돈
4) ① 사 ② 산   5) ① 누 ② 눈   6) ① 무 ② 문

다음 단어를 듣고 쓰세요. 3-6
请听并写下面的单词。

눈 眼睛、雪		눈			
돈 钱		돈			
우산 雨伞		우산			

5 받침 ㄹ

🔊🗣 **다음을 듣고 따라 하세요.** 🎧3-7
请听并跟读下面的内容。

1) ① 이 ② 일　　2) ① 치 ② 칠　　3) ① 마 ② 말

4) ① 파 ② 팔　　5) ① 수 ② 술　　6) ① 다 ② 달

🔊✏ **다음 단어를 듣고 쓰세요.** 🎧3-8
请听并写下面的单词。

술 酒		술			
발 脚		발			
일 一		일			

6 받침 ㅇ

🔊🗣 **다음을 듣고 따라 하세요.** 🎧3-9
请听并跟读下面的内容。

1) ① 아 ② 앙　　2) ① 라 ② 랑　　3) ① 가 ② 강

4) ① 바 ② 방　　5) ① 빠 ② 빵　　6) ① 고 ② 공

🔊✏ **다음 단어를 듣고 쓰세요.** 🎧3-10
请听并写下面的单词。

빵 面包		빵			
가방 书包		가방			
자동차 汽车		자동차			

7 받침 ㅂ, ㅍ

다음을 듣고 따라 하세요. 3-11
请听并跟读下面的内容。

1) ① 시 ② 십   2) ① 커 ② 컵   3) ① 아 ② 앞

4) ① 수 ② 숲   5) ① 추 ② 춥   6) ① 바 ② 밥

다음 단어를 듣고 쓰세요. 3-12
请听并写下面的单词。

입 嘴		입			
집 房子、家		집			
잎 树叶		잎			

8 받침 ㄱ, ㄲ, ㅋ

다음을 듣고 따라 하세요. 3-13
请听并跟读下面的内容。

1) ① 야 ② 약   2) ① 바 ② 박   3) ① 구 ② 국

4) ① 푸 ② 푹   5) ① 하 ② 학   6) ① 채 ② 책

다음 단어를 듣고 쓰세요. 3-14
请听并写下面的单词。

책 书		책			
밖 外面		밖			
부엌 厨房		부엌			

받침 ㄷ, ㅌ, ㅅ, ㅆ, ㅈ, ㅊ, ㅎ

다음을 듣고 따라 하세요. 🎧 3-15
请听并跟读下面的内容。

1) ① 끄 ② 끝   2) ① 바 ② 밭   3) ① 비 ② 빗

4) ① 나 ② 낮   5) ① 오 ② 옷   6) ① 꼬 ② 꽃

다음 단어를 듣고 쓰세요. 🎧 3-16
请听并写下面的单词。

곧 马上	COMING SOON...	곧			
옷 衣服		옷			
낮 白天		낮			
밭 田地		밭			
꽃 花		꽃			
있다 在 / 有		있다			
히읗 韩文字母 "ㅎ" 的名称。	ㅎ	히읗			

한국어의 숫자(Numbers in Korean): 듣고 따라 하세요. 🎧 3-17
韩语的数字：请听并跟读。

0	1	2	3	4	5	6	7	8	9	10
공	일	이	삼	사	오	육	칠	팔	구	십

PART 1. 받침 ㅁ, ㄴ, ㄹ, ㅇ, ㅂ, ㄱ, ㄷ

연습 练习

 1. 다음을 잘 듣고 알맞은 것을 고르세요. 3-18
请仔细听下面的内容，然后选择正确的答案。

1) ① 곰 　　② 공 　　③ 곧 　　④ 곡
2) ① 산 　　② 살 　　③ 삼 　　④ 삭
3) ① 달 　　② 단 　　③ 당 　　④ 담
4) ① 동 　　② 돌 　　③ 독 　　④ 돈
5) ① 밥 　　② 박 　　③ 밤 　　④ 밭
6) ① 갑 　　② 갈 　　③ 강 　　④ 각
7) ① 랑 　　② 락 　　③ 람 　　④ 란
8) ① 깁 　　② 김 　　③ 깃 　　④ 긴
9) ① 업 　　② 언 　　③ 억 　　④ 얼
10) ① 벅 　　② 번 　　③ 벌 　　④ 법

 2. 다음을 잘 듣고 알맞은 것을 고르세요. 3-19
请仔细听下面的内容，然后选择正确的答案。

1) ① 산 　　② 삼 　　③ 살
2) ① 꽁 　　② 꼭 　　③ 꽃
3) ① 부엌 　　② 부엄 　　③ 부엉
4) ① 사란 　　② 사람 　　③ 사랑
5) ① 자돔차 　　② 자독차 　　③ 자동차

 3. 친구의 전화번호를 듣고 쓰세요.
请听写朋友的电话号码。

0	1	2	3	4	5	6	7	8	9	10
공	일	이	삼	사	오	육	칠	팔	구	십

4. 다음 단어의 받침 발음과 같은 것을 고르세요.

请选择与下列单词的收音发音相同的一项。

1) **꽃**　　　① 꼳　　　② 꼰　　　③ 꼼

2) **잎**　　　① 입　　　② 임　　　③ 있

3) **밖**　　　① 밥　　　② 밧　　　③ 박

4) **옷**　　　① 옥　　　② 옹　　　③ 옻

5) **낮**　　　① 낟　　　② 날　　　③ 낭

5. 다음을 읽고 어떤 받침 소리인지 빈 칸에 쓰세요.

请阅读以下内容，并把收音写在空格里。

1) 무릎 - 집 - 앞

2) 부엌 - 낚시 - 수박

3) 빗 - 밭 - 꽃 - 낮 - 있다

6. 친구와 함께 빙고게임을 하세요.

和朋友一起玩bingo游戏吧。

보기	삼 입 우산 자동차 일 술 빵 부엌
	끝 있다 옷 밖 꽃 히읗 이름 책

Bingo game

위에 있는 단어를 선택하고 원하는 빈 칸에 단어를 쓰세요. 그리고 친구와 번갈아 가면서 단어를 말하세요. 친구나 내가 말한 단어는 지우세요. 수평 (→), 수직(↑), 대각선(↗↙)으로 세 줄을 만든 사람이 이겨요!

选择上面的单词并写在你想要的空格里。然后和朋友轮流说出单词。擦掉朋友或自己说出的单词。横向（→）、纵向（↑）、对角线（↗↙）连成三条线的人获胜！

질문 问题		네 是	아니요 不是
1	나는 받침 /ㅁ, ㄴ, ㄹ, ㅇ, ㅂ, ㄱ, ㄷ/를 올바르게 읽을 수 있어요. 我可以正确地读收音 /ㅁ, ㄴ, ㄹ, ㅇ, ㅂ, ㄱ, ㄷ/。		
2	나는 받침 /ㅍ/를 [ㅂ]로, /ㄲ, ㅋ/를 [ㄱ]로, /ㅅ, ㅆ, ㅈ, ㅊ, ㅎ/를 [ㄷ]로 올바르게 읽을 수 있어요. 我可以正确地将收音 /ㅍ/ 发音为 [ㅂ], /ㄲ, ㅋ/ 发音为 [ㄱ], /ㅅ, ㅆ, ㅈ, ㅊ, ㅎ/ 发音为 [ㄷ]。		
3	나는 받침 /ㅁ, ㄴ, ㄹ, ㅇ, ㅂ, ㄱ, ㄷ/를 듣고 구분할 수 있어요. 我可以听并区分收音 /ㅁ, ㄴ, ㄹ, ㅇ, ㅂ, ㄱ, ㄷ/。		

PART 3. 부록 1

한국어의 발음 규칙, 겹받침

韩语的发音规则，双收音

한국어에는 다양한 발음 규칙들이 있어요. 받침이 있는 글자는 바로 뒤 글자에 어떤 모음이 오는지, 어떤 자음이 오는지에 따라 발음이 달라져요. 한국어의 발음 규칙 중 연음화, 경음화, 격음화에 대해서 배워 볼 거예요.

韩语中有各种各样的发音规则。有收音的字，根据后面的字是什么元音、什么辅音，发音会有所不同。我们将学习韩语发音规则中的连音化、紧音化、送气化。

한국어 좋다

학교 닭 음악

학생

먹어요 책상 축하

연음화 连音化

🔊 1. 다음 단어를 듣고 어떻게 들리는지 ○ 표 하세요. 🎧3-20
　　请听下面的单词并用○标记你听到的内容。

1) 한국어	① [한국어]	② [한구거]
2) 음악	① [음악]	② [으막]
3) 먹어요	① [먹어요]	② [머거요]

🔲 **한국어** (韩语)

한국어 ➡ 한구거

받침 (收音)		모음 (元音)		뒤 자음 (后辅音)
ㄱ, ㅋ, ㄲ ㄷ, ㅌ ㅈ, ㅊ ㅂ, ㅍ ㅅ, ㅆ ㄴ, ㅁ, ㄹ	**+**	아, 이, 우..	**=**	ㄱ, ㅋ, ㄲ ㄷ, ㅌ ㅂ, ㅍ ㅅ, ㅆ ㅈ, ㅊ ㄴ, ㅁ, ㄹ

🔊📖📝 2. 다음 단어를 듣고 쓰세요. 🎧3-21
　　请听并写下面的单词。

단어 单词		연습 练习			
음악 音乐		음악			
먹어요 吃		먹어요			

경음화 緊音化

🔊 1. 다음 단어를 듣고 어떻게 들리는지 ○ 표 하세요. 🎧3-22
　　　请听下面的单词并用○标记你听到的内容。

1) 학교　　　　　　① [학교]　　　　　　② [학꾜]
2) 학생　　　　　　① [학생]　　　　　　② [학쌩]

예 책상 (书桌)

책상 ➡ 책쌍
ㄱ+ㅅ

받침 (收音)		뒤 자음 (后辅音)	뒤 자음 (后辅音)
(ㄱ) ㄱ, ㅋ, ㄲ (ㄷ) ㄷ, ㅌ (ㄷ) ㅈ, ㅊ (ㅂ) ㅂ, ㅍ (ㅅ) ㅅ, ㅆ	**+**	ㄱ ㄷ ㅂ ㅅ ㅈ =	ㄲ ㄸ ㅃ ㅆ ㅉ

🔊 📖 ✏️ 2. 다음 단어를 듣고 쓰세요. 🎧3-23
　　　请听并写下面的单词。

단어 单词			연습 练习		
학교 学校		학교			
학생 学生		학생			

격음화 送气化

1. 다음 단어를 듣고 어떻게 들리는지 ○ 표 하세요. 3-24
请听下面的单词并用○标记你听到的内容。

1) 축하   ① [추카]   ② [축하]
2) 좋다   ① [졷다]   ② [조타]

예 축하 (祝贺)

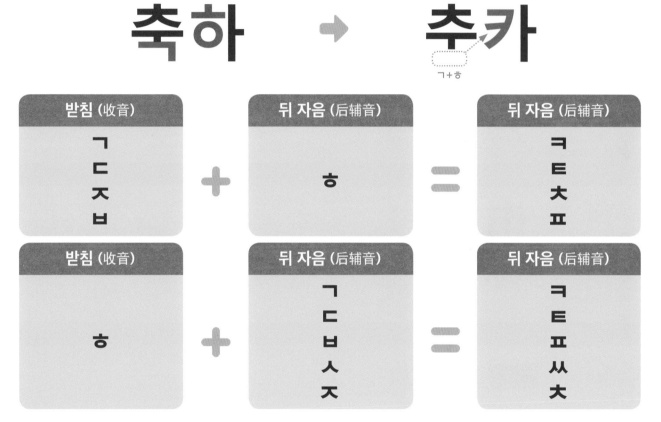

축하 ➡ 추카
ㄱ+ㅎ

받침 (收音)		뒤 자음 (后辅音)		뒤 자음 (后辅音)
ㄱ ㄷ ㅈ ㅂ	+	ㅎ	=	ㅋ ㅌ ㅊ ㅍ

받침 (收音)		뒤 자음 (后辅音)		뒤 자음 (后辅音)
ㅎ	+	ㄱ ㄷ ㅂ ㅅ ㅈ	=	ㅋ ㅌ ㅍ ㅆ ㅊ

2. 다음 단어를 듣고 쓰세요. 3-25
请听并写下面的单词。

단어 单词		연습 练习		
축하 祝贺	🎉	축하		
좋다 好	👍	좋다		

겹받침 双收音

ㄹㅁ	[ㅁ]
ㅂㅅ, ㄹㅍ	[ㅂ]
ㄹㄱ, ㄱㅅ	[ㄱ]
ㄴㅈ, ㄴㅎ	[ㄴ]
ㄹㅎ, ㄹㅂ, ㄹㅅ, ㄹㅌ	[ㄹ]

TIP

한국어의 겹받침은 둘 중 하나의 받침만을 발음해요. 앞서 배운 7개의 받침 중 5개로 발음돼요.
韩语的双收音只发两个中的一个收音。会发成之前学过的7个收音中的5个。

① 받침 ㅁ: 단어를 듣고 쓰세요. 그리고 읽으세요. 3-26
听写单词。然后读出来。

단어 单词		발음 发音	연습 练习			
삶 生活，人生		**[삼]**	삶	삶	삶	삶

② 받침 ㅂ: 단어를 듣고 쓰세요. 그리고 읽으세요. 3-27
听写单词。然后读出来。

단어 单词		발음 发音	연습 练习			
값 价，钱	PRICE $12.20	**[갑]**	값	값	값	값

③ 받침 ㄱ: 단어를 듣고 쓰세요. 그리고 읽으세요. 3-28
听写单词。然后读出来。

단어 单词		발음 发音	연습 练习			
닭 鸡		**[닥]**	닭	닭	닭	닭

TIP

경음화: 받침 /ㄱ, ㅂ, ㄷ/와 뒤 음절의 /ㄱ, ㅂ, ㄷ/가 만나면 [ㄲ, ㅃ, ㄸ]로 변합니다.
紧音化：当收音 /ㄱ, ㅂ, ㄷ/ 与后音节的 /ㄱ, ㅂ, ㄷ/ 相遇时，会变成 /ㄲ, ㅃ, ㄸ/ 。

④ 받침 ㄴ: 단어를 듣고 쓰세요. 그리고 읽으세요. 🎧3-29
听写单词。然后读出来。

단어 单词		발음 发音	연습 练习			
앉다 坐		[안따]	앉다	앉다	앉다	앉다

TIP

※ 받침 /ㄱ, ㅂ, ㄷ/ + /ㄱ, ㅂ, ㄷ, ㅈ, ㅅ/
→ /ㄲ, ㅃ, ㄸ, ㅉ, ㅆ/

앉다 → 앉따 → 안따
ㄴㅈ→ㄴ

④ 받침 ㄴ: 단어를 듣고 쓰세요. 그리고 읽으세요. 🎧3-30
听写单词。然后读出来。

단어 单词		발음 发音	연습 练习			
많다 多		[만타]	많다	많다	많다	많다

TIP

※ 받침 /ㄱ, ㅂ, ㄷ, ㅈ/ + /ㅎ/ → /ㅋ, ㅍ, ㅌ, ㅊ/
※ 받침 /ㅎ/ + /ㄱ, ㅂ, ㄷ, ㅈ, ㅅ/ → /ㅋ, ㅍ, ㅌ, ㅊ, ㅆ/

많다 → 만타
ㅎ+ㄷ

⑤ 받침 ㄹ: 단어를 듣고 쓰세요. 그리고 읽으세요. 🎧3-31
听写单词。然后读出来。

단어 单词		발음 发音	연습 练习			
싫다 讨厌		[실타]	싫다	싫다	싫다	싫다

싫다 → 실타
ㅎ+ㄷ

인사하기 问候

다음 인사말을 듣고 친구와 이야기해 보세요. (A, B 역할을 바꾸면서 이야기해 보세요.)
请听下面的问候语，并和朋友对话。（轮流扮演A和B的角色进行对话。）

 1. 처음 만났을 때 3-32
初次见面时

	A	B
(그림)	안녕하세요.	안녕하세요.
(그림)	만나서 반가워요.	저도 반가워요.

2. 헤어질 때 3-33
分别时

	A	B
(그림)	안녕히 가세요.	안녕히 계세요.
(그림)	안녕히 가세요.	안녕히 가세요.

3. 사과 표현 3-34

道歉表达

	A	B
	미안해요.	괜찮아요.
	죄송해요. 죄송합니다.	괜찮아요.

 4. 감사 표현 3-35

感谢表达

	A	B
	고마워요.	괜찮아요.
	고맙습니다. 감사합니다.	괜찮아요.

PART 5. 부록 3 〉〉 교실 용어 教室用语

1. 한국어 수업 시간에 자주 사용하는 문장 3-36
韩语课堂上经常使用的句子。

번호 号码	의미 意思	문장 句子
①		책을 보세요.
②		따라 하세요.
③		읽으세요.
④		쉬세요.
⑤		숙제하세요.

80

번호 号码	의미 意思	문장 句子
⑥		질문하세요.
⑦		대답하세요.
⑧		맞아요.
⑨		틀려요.

한국어 문장 읽기 阅读韩语句子

한국어의 문장 韩语的句子

① 한국어의 문장은 주어, 목적어, 서술어 순서예요. (S-O-V)
  韩语的句子顺序是主语、宾语、谓语。（S-O-V）

주어 (主语)	목적어 (宾语)	서술어 (谓语)
명사 (名词)	명사 (名词)	형용사(形容词) 동사(动词)

나	물	사다(기본형) (基本形)
我	水	买

② 한국어는 주어, 목적어에 각각 조사가 붙어서 이 단어가 주어, 목적어임을 알려 줘요.
  韩语的主语和宾语分别加了助词，告诉我们这个词是主语或宾语。

주어 + 은/는/이/가 (主语)	목적어 + 을/를 (宾语)	서술어 (谓语)
명사(N) + 은/는/이/가	명사(N) + 을/를	형용사(A) 동사(V)

나는	물을	사요
我	水	买

1. 다음 문장을 듣고 읽으세요. 3-37
请听并读下面的句子。

번호 号码	의미 意思	문장 句子
①		나는 한국어를 공부해요.
②		나는 우유를 마셔요.
③		나는 사과를 따요.
④		나는 토마토를 먹어요. [머거요]
⑤		나는 책을 읽어요. [일거요]
⑥		책이 있어요. [이써요]
⑦		책이 없어요. [업써요]

4과

第4课

이름이 뭐예요?

你叫什么名字?

• 어느 나라 사람이에요? 你是哪国人?

• 직업이 뭐예요? 你做什么工作?

1. 자기소개를 할 수 있어요.
   可以做自我介绍。

2. '나라' 이름을 알고 사용할 수 있어요.
   可以了解和使用"国家"的名字。

3. '직업' 관련 어휘를 알고 사용할 수 있어요.
   可以了解和使用"职业"相关词汇。

4. 친구에게 이름, 직업, 국적을 물어볼 수 있어요.
   可以问朋友名字、职业和国籍。

5. '은/는, 이/가, -이에요/예요'를 올바르게 사용할 수 있어요.
   可以正确使用'은/는, 이/가, -이에요/예요'。

국가 国家

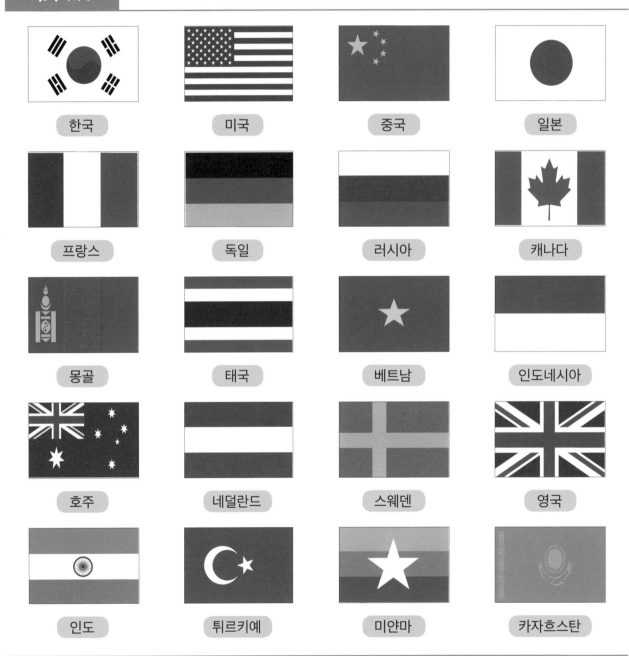

한국

미국

중국

일본

프랑스

독일

러시아

캐나다

몽골

태국

베트남

인도네시아

호주

네덜란드

스웨덴

영국

인도

튀르키예

미얀마

카자흐스탄

TIP

국가+사람: KOREA(Nation)+Person=한국 사람(Korean)
国家+人: 韩国+人 = 韩国人

직업 职业

학생	선생님	의사	회사원	배우
가수	교수	주부	요리사	경찰

학습 어휘 学习词汇

- 대학생 大学生
- 직업 职业
- 교환학생 交换学生
- 만나서 반가워요 见到你很高兴

연습 练习

1. 다음을 연결하세요.
请将以下内容连接起来。

- 배우(프랑스 사람)
- 학생(일본 사람)
- 회사원(베트남 사람)
- 의사(중국 사람)
- 요리사(미얀마 사람)
- 선생님(한국 사람)

문법 1 N은/는 N이에요/예요

하루카   퓨퓨아웅 씨는 요리사예요?
줄리앙   네, 퓨퓨아웅 씨는 요리사예요.

루카   선생님은 어느 나라 사람이에요?
안톤   선생님은 한국 사람이에요.

문법 사용 语法使用

- 'N은/는'은 명사에 붙어 주어 역할을 해요.
  "N은/는" 连接在名词后面，起到主语的作用。
- 'N이에요/예요'는 명사에 붙어 서술어 역할을 해요.
  'N이에요/예요' 接在名词后面，起谓语的作用。
- 명사의 마지막 음절에 받침이 있으면 '은', '-이에요'가 붙고, 명사의 마지막 음절에 받침이 없으면 '는', '-예요'가 붙어요.
  如果名词的最后一个音节有收音，用'은'和'-이에요'，如果名词的最后一个音节没有收音，用'는'和'-예요'。

■ N은/는

의미	명사에 붙어 문장의 주제를 나타내고, 주어 역할을 함 接在名词后面，表示句子的主题，起主语的作用。			
형태 변화	**받침 O**	선생님: 선생님은 한국 사람: 한국 사람은	**받침 X**	배우: 배우는 요리사: 요리사는

■ N이에요/예요

의미	명사에 붙어 서술어 역할을 함 接在名词后面，起谓语的作用。			
형태 변화	**받침 O**	선생님: 선생님이에요 한국 사람: 한국 사람이에요	**받침 X**	배우: 배우예요 요리사: 요리사예요

[예문]

· 저는 학생이에요.　　　　· 에릭은 가수예요.　　　　· 루카 씨는 독일 사람이에요.

TIP

어느: 여럿 중에서 어떤.

어느: 哪个。在众多之中的哪一个。

씨: 한국에서 일반적으로 예의 있게 성인을 부를 때, 그 사람의 이름 뒤에 붙여 쓰는 말로서
　　같은 나이나 또래 사이에서 쓰이며, 윗사람이나 나이가 많은 사람에게는 쓰지 않아요.

씨: 在韩国，一般有礼貌地称呼成人时，通常在其名字后面加上 "씨"。这种用法适用于年龄相仿的人之间，
　　但不用于长辈或年纪较大的人。

연습 练习

보기

왕페이(은 /(는))　의사(이에요 /(예요)).

1)

하루카(은 / 는)　교환학생(이에요 / 예요).

2)

줄리앙(은 / 는)　배우(이에요 / 예요).

3)

퓨퓨아웅(은 / 는)　요리사(이에요 / 예요).

4)

루카(은 / 는)　경찰(이에요 / 예요).

문법 2 N이/가 🎧4-2

| 에릭 | 안녕하세요. 이름이 뭐예요? |
| 후이 | 저는 후이예요. |

| 왕페이 | 누가 일본 사람이에요? |
| 줄리앙 | 하루카가 일본 사람이에요. |

문법 사용 语法使用

- 이/가: 명사에 붙어서 문장의 주어를 나타내요.
  이/가: 连接在名词后面，表示句子的主语。

■ N이/가

의미	명사에 붙어서 문장의 주어를 만듦 接在名词后面，形成句子的主语。	
형태 변화	이름: 이름**이** 한국 사람: 한국 사람**이**	의사: 의사**가** 요리사: 요리사**가**

[예문]

· 루카가 경찰이에요.　　　· 퓨퓨아웅이 요리사예요.　　　· 왕페이가 중국 사람이에요.

TIP

뭐예요? = 무엇+이에요? 这是什么?

누가 = 누구+가 谁

'누구가'라는 말은 사용하지 않아요.
不使用"누구가"这样的说法。

연습 练习

🗣 **보기** 와 같이 말하세요.
请仿照例子说。

보기

러시아

안톤

퓨퓨아웅 **누가 러시아 사람이에요?**
후이 　안톤이 러시아 사람이에요.
　　　= 안톤이에요.

1)

카자흐스탄

아루잔

2)

한국

허지원

3)

미얀마

퓨퓨아웅

4)

미국

에릭

문법 3   N은/는 N이/가 아니에요   4-3

가수(X)
한국어 선생님(O)

왕페이   허지원은 가수예요?
아루잔   아니요, 허지원은 가수가 아니에요.
         한국어 선생님이에요.

베트남 사람(X)
미얀마 사람(O)

에릭   퓨퓨아웅 씨는 베트남 사람이에요?
퓨퓨아웅 아니요, 저는 베트남 사람이 아니에요.
         미얀마 사람이에요.

문법 사용 语法使用

- 'N이/가 아니에요'는 명사에 붙어 명사의 내용을 부정할 때 사용해요.
  'N이/가 아니에요' 接在名词后面，用于否定名词的内容。

■ N이/가 아니에요.

의미	명사에 붙어 명사의 내용을 부정할 때 사용함 接在名词后面，用于否定名词的内容。			
형태 변화	**받침 O**	선생님: 선생님이 아니에요 한국 사람: 한국 사람이 아니에요	**받침 X**	의사: 의사가 아니에요 요리사: 요리사가 아니에요

[예문]

· 저는 학생이 아니에요.   · 아루잔은 가수가 아니에요.   · 에릭 씨는 프랑스 사람이 아니에요.

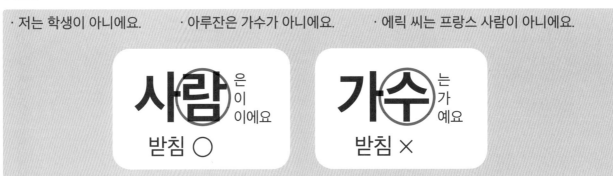

사람 은
이
이에요
받침 ○

가수 는
가
예요
받침 ✕

보기 와 같이 말하세요.
请仿照例子说。

보기

줄리앙

미국(X)	프랑스(O)
선생님(X)	배우(O)

루 카　줄리앙 씨는 미국 사람이에요?

줄리앙　아니요, 저는 미국 사람이 아니에요.
　　　　프랑스 사람이에요.

루 카　줄리앙 씨는 선생님이에요?

줄리앙　아니요, 저는 선생님이 아니에요. 배우예요.

1)

루카

호주(X)	독일(O)
학생(X)	경찰(O)

2)

왕페이

태국(X)	중국(O)
요리사(X)	의사(O)

3)

후이

러시아(X)	베트남(O)
교수(X)	회사원(O)

4)

하루카

카자흐스탄(X)	일본(O)
주부(X)	교환학생(O)

보기 와 같이 연습해 보세요.
请仿照例子练习。

보기 허지원
한국 (○) | 한국어 선생님
러시아 (X) |

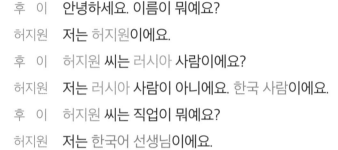

후 이 안녕하세요. 이름이 뭐예요?
허지원 저는 허지원이에요.
후 이 허지원 씨는 러시아 사람이에요?
허지원 저는 러시아 사람이 아니에요. 한국 사람이에요.
후 이 허지원 씨는 직업이 뭐예요?
허지원 저는 한국어 선생님이에요.

왕페이
중국 (○) | 의사
태국 (X) |

하루카
왕페이
하루카
왕페이
하루카
왕페이

아루잔
카자흐스탄 (○) | 주부
인도네시아 (X) |

줄리앙
아루잔
줄리앙
아루잔
줄리앙
아루잔

안톤
러시아 (○) | 교수
캐나다 (X) |

후이
안톤
후이
안톤
후이
안톤

1. 잘 듣고 알맞은 답을 고르세요.
请仔细听并选择正确的答案。

 ① 　 　 ② 　 　 ③ 　 　 ④

 2. 잘 듣고 연결하세요. 4-5
请仔细听并进行连线。

1)

아루잔

2)

왕페이

 ①

 ②

 ③

 ④

 3. 잘 듣고 질문에 답하세요. 4-6
请仔细听并回答问题。

1) 하루카 씨는 어느 나라 사람이에요?

_____

2) 에릭 씨는 직업이 뭐예요?

_____

친구와 대화를 해 보세요.
请和朋友对话。

Q1. 이름이 뭐예요?

Q2. 어느 나라 사람이에요?

Q3. 직업이 뭐예요?

친구 이름	나라	직업

자기소개를 하세요.
请做自我介绍。

안녕하세요. 저는 아루잔이에요.

저는 카자흐스탄 사람이에요.

저는 주부예요.

만나서 반가워요.

한국어로 자기소개 동영상을 만들어 보세요.
请用韩语制作自我介绍视频。

질문 问题	네 是	아니요 不是
1	나는 한국어로 자기소개를 할 수 있어요. 我可以用韩语做自我介绍。		
2	나는 '은/는, 이/가, -이에요/예요'를 사용할 수 있어요. 我可以使用'은/는, 이/가, -이에요/예요'。		
3	나는 '직업' 관련 어휘를 알고 말할 수 있어요. 我了解并可以说出'职业'相关词汇。		
4	나는 '나라' 이름을 알고 말할 수 있어요. 我了解并可以说出'国家'名字。		
5	나는 친구에게 이름, 직업, 국적을 물어볼 수 있어요. 我可以问朋友的名字、职业和国籍。		

MEMO

그것은 누구의
가방이에요?

那是谁的包?

- 이것이 뭐예요? 这是什么?
- 저것은 누구의 책이에요? 那是谁的书?

학습 목표 学习目标

1. 교실 물건 이름을 알고 사용할 수 있어요.
   可以了解并使用教室里物品的名称。

2. '이, 그, 저'를 구별하여 사용할 수 있어요.
   可以区分并使用'이, 그, 저'。

3. '의'의 의미를 알고 사용할 수 있어요.
   可以理解'의'的含义并使用。

4. 누구의 물건인지 질문을 하고 대답을 할 수 있어요.
   可以提问并回答物品的所有者是谁。

물건 (1) 物品 (1)

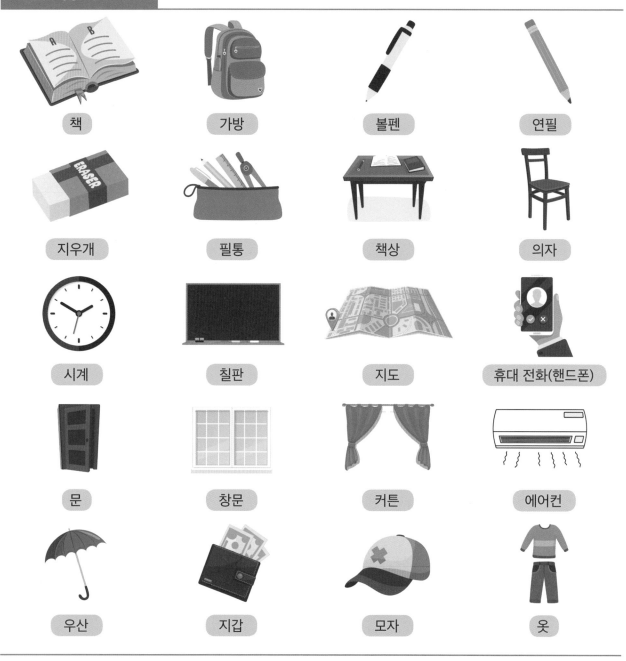

책	가방	볼펜	연필
지우개	필통	책상	의자
시계	칠판	지도	휴대 전화(핸드폰)
문	창문	커튼	에어컨
우산	지갑	모자	옷

물건 이름을 <보기>에서 골라 쓰세요.
从选项中选择正确的物品名称写出来。

보기

칠판　문　책　시계　책상　의자　창문
필통　볼펜　연필　가방　우산　휴대 전화

문법 1 이것/그것/저것 〔5-1〕

아루잔   **이것이** 뭐예요?
왕페이   **이것은** 가방이에요.

하루카   **저것이** 뭐예요?
에릭   **저것은** 시계예요.

루카   **그것이** 뭐예요?
안톤   **이것은** 한국어 책이에요.

문법 사용 语法使用

- '이, 그, 저'는 위치와 상황에 따라서 다르게 사용해요.
  '이, 그, 저'在不同的位置和情境下有不同的用法。
- 이: 말하는 사람에게 가까운 것을 가리킬 때 사용해요.
  '이'：在指向离说话人近的东西时使用。
- 그: 듣는 사람에게 가까운 것을 가리키거나 대화를 나누는 현장에 없는 것을 가리킬 때 사용해요.
  '그'：在指向离听话人近的东西，或者指代不在对话场景中的东西时使用。
- 저: 말하는 사람과 듣는 사람 모두에게 멀리 있는 것을 가리킬 때 사용해요.
  '저'：在指向离说话人和听话人都远的东西时使用。
- 이야기를 할 때 '이것은=이건, 그것은=그건, 저것은=저건'과 같이 줄여서 말할 수 있어요.
  在谈话中，可以使用简略形式'이것은＝이건，그것은＝그건，저것은＝저건'。

이	그	저
이것	그것	저것
이+N (이 가방)	그+N (그 가방)	저+N (저 가방)

· 저것은 칠판이에요.   · 후이: 저것이 뭐예요?   · 지원: 이것이 뭐예요?
                            에릭: 그것은 시계예요.   루카: 이것은 볼펜이에요.

연습 练习

 보기 와 같이 말하세요.
请仿照例子说。

보기

하루카   이것이 뭐예요?
안톤   그것은 가방이에요.

1)

2)

3)

4)

문법 2 N의 N (5-2)

줄리앙	이 책은 누구의 책이에요?
아루잔	그 책은 **하루카 씨의 책**이에요.

루카	그 가방은 누구의 가방이에요?
후이	이 가방은 **제 가방**이에요.

문법 사용 语法使用

- 의: 명사 뒤에 오는 명사에 대해 소유, 소속, 관계 등의 의미를 나타내요. '의'는 [에]로 발음해요.
  '의': 用于名词后，表示所有、归属或关系等含义。'의'读作[에]。
  이 때 '의'는 생략도 가능합니다.
  这时，"의"可以省略。
- '저+의(저의)=제', '나+의(나의)=내'와 같이 줄여서 이야기해요.
  '제': 由 '저+의=제'，'나+의=내'，缩写成 '제'，'내'。
- 누구의 것이에요? = 누구 거예요?
  这是谁的?

[예문]

· 저것은 친구의 가방이에요.
· 그것은 제 우산이 아니에요.

· 하루카: 이것은 누구의 지우개예요?
  퓨퓨아웅: 이것은 에릭 씨의 지우개예요.

보기와 같이 말하세요.
请仿照例子说。

보기

〈허지원〉

후이

안톤

후이 이것이 뭐예요?
안톤 그것은 우산이에요.
후이 누구의 우산이에요?
안톤 허지원 씨의 우산이에요.

1)

왕페이
〈에릭〉
줄리앙

2)

〈아루잔〉
퓨퓨아웅
안톤

3)

허지원 〈퓨퓨아웅〉
하루카

4)

루카
〈하루카〉
후이

보기 와 같이 연습해 보세요.
请仿照例子练习。

보기

후이 X / 왕페이 O

하루카	이것이 후이 씨의 휴대 전화예요?
에 릭	아니요, 그것은 후이 씨의 휴대 전화가 아니에요.
하루카	누구의 휴대 전화예요?
에 릭	왕페이 씨의 휴대 전화예요.

1.

줄리앙 X / 후이 O

하루카 _____
에 릭 _____
하루카 _____
에 릭 _____

2.

퓨퓨아웅 X / 에릭 O

하루카 _____
에 릭 _____
하루카 _____
에 릭 _____

3.

허지원 X / 안톤 O

하루카 _____
에 릭 _____
하루카 _____
에 릭 _____

1. 잘 듣고 연결하세요. 🎧 5-3
请仔细听并进行连线。

보기 ─────────────────────── 허지원 | 루카

① •   • ㉠ 루카 / 허지원

② •   • ㉡ 허지원 / 루카

③ •   • ㉢ 허지원 / 루카

 2. 잘 듣고 알맞은 그림을 고르세요. 🎧 5-4
请仔细听并选择正确的图片。

① 안톤

② 안톤

③ 에릭

④ 에릭

아루잔과 퓨퓨아웅이 되어 대화를 해 보세요.

请以아루잔和퓨퓨아웅的身份进行对话。

보기

아루잔	저것이 뭐예요?
퓨퓨아웅	저것은 우산이에요.
아루잔	누구의 우산이에요?
퓨퓨아웅	하루카 씨의 우산이에요.

상자 안에 여러분의 물건을 넣어 보세요. 그리고 이야기를 해 보세요.

请大家把自己的东西放进盒子里，然后进行对话练习。

질문 问题	네 是	아니요 不是
1 나는 교실 물건 이름을 알고 사용할 수 있어요. 我可以了解并使用教室里物品的名称。		
2 나는 '이, 그, 저'를 구별하여 사용할 수 있어요. 我可以区分并使用'이, 그, 저'。		
3 나는 '이것, 그것, 저것'을 구별하여 사용할 수 있어요. 我可以区分并使用'이것, 그것, 저것'。		
4 나는 '의'의 의미를 알고 사용할 수 있어요. 我可以了解'의'的含义并使用。		
5 나는 이것이/그것이/저것이 누구의 물건인지 질문을 하고 대답을 할 수 있어요. 我可以问"这是谁的东西？"、"那是谁的东西？"或者"那边的是谁的东西？"并作出回答。		

MEMO

6과
第6课

옷이 어디에 있어요?

衣服在哪里?

- 옷이 어디에 있어요? 衣服在哪里?
- 책과 볼펜이 없어요? 没有书和圆珠笔吗?

학습 목표 学习目标

1. 위치 표현을 구별하여 사용할 수 있어요.
   可以区分并使用位置表达。

2. 물건 이름을 알고 사용할 수 있어요.
   可以了解并使用物品的名称。

3. 'N에 있어요/없어요'의 의미를 알고 사용할 수 있어요.
   可以了解 'N에 있어요/없어요' 的含义并使用。

4. 'N와/과'의 의미를 알고 사용할 수 있어요.
   可以了解 'N와/과' 的含义并使用。

위치 位置

위

아래(=밑)

앞

뒤

옆

사이(=중간)

왼쪽

오른쪽

안

밖

물건 (2) 物品 (2)

텔레비전

침대

소파

테이블

옷장

컵

컴퓨터

액자

〉 **학습 어휘** 学习词汇

- 어디 哪里
- 방 房间
- 강아지 小狗
- 거실 客厅
- 마당 院子

1. **보기** 와 같이 물건의 이름을 쓰세요.
请仿照例子写出物品的名称。

보기  소파

 2. 10번씩 쓰세요.
请每个写十遍。

위		위
아래(밑)		아래(밑)
앞		앞
뒤		뒤
사이(중간)		사이(중간)
오른쪽		오른쪽
왼쪽		왼쪽
옆		옆
안		안
밖		밖

문법1　N(위치)에 있어요/없어요

왕페이　컵이 어디에 있어요?

아루잔　컵이 책상 위에 있어요.

루카　소파 아래에 가방이 있어요?

에릭　아니요, 소파 아래에 가방이 없어요.
　　　소파 옆에 가방이 있어요.

문법 사용 语法使用

- 'N(위치)에 있어요/없어요'는 사물이 존재하는 위치 명사 뒤에 붙여 사용해요.
  'N(位置)에 있어요/없어요' 用在表示事物存在的位置名词后。

[예문]

· 책은 책상 위에 있어요.

· 옷이 옷장 안에 없어요.

· 후이: 휴대 전화가 어디에 있어요?

　왕페이: 휴대 전화가 소파 아래에 있어요.

연습 练习

 보기 와 같이 말하세요.
请仿照例子说。

보기

가방이 책상 아래에 있어요.

1)

2)

3)

4)

문법 2 N와/과 6-2

지원   테이블 위에 무엇이 있어요?

안톤   테이블 위에 **컵과** 책이 있어요.

퓨퓨아웅 방 안에 무엇이 있어요?

하루카   **침대와** 책상이 있어요.

　　　　책상과 침대가 있어요.

문법 사용 语法使用

- '와/과'는 사물, 사람을 나열할 때 사용해요.
  '와/과'在列举多个事物、人时使用。

■ N은/는

의미	사물, 사람을 나열할 때 사용함 在列举多个事物、人时使用。			
형태 변화	**받침 O**	선생님: 선생님과 한국 사람: 한국 사람과	**받침 X**	배우: 배우와 요리사: 요리사와

[예문]

· 책상 위에 책과 볼펜이 있어요.

· 옷장 안에 모자와 옷이 없어요.

· 컵과 휴대전화 사이에 액자가 있어요.

연습 練習

보기 와 같이 말하세요.
请仿照例子说。

보기

하루카	침대 위에 무엇이 있어요?
후이	옷과 모자가 있어요.
	모자와 옷이 있어요.

1)

2)

3)

4)

보기 와 같이 연습해 보세요.
请仿照例子练习。

아루잔	마당에 무엇이 있어요?
줄리앙	마당에 나무와 자동차가 있어요.
아루잔	자동차가 어디에 있어요?
줄리앙	자동차가 나무 앞에 있어요.
아루잔	
줄리앙	
아루잔	
줄리앙	

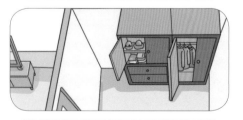

아루잔	
줄리앙	
아루잔	
줄리앙	

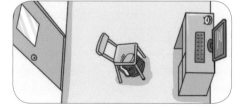

아루잔	
줄리앙	
아루잔	
줄리앙	

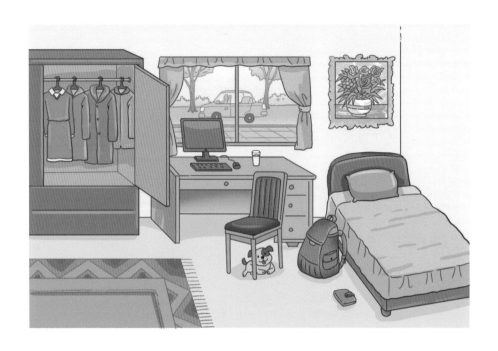

1. 잘 듣고 O, X 하세요. 🎧6-3
   请仔细听并判断对错。

① (   )   ② (   )   ③ (   )   ④ (   )   ⑤ (   )   ⑥ (   )

2. 잘 듣고 알맞은 것을 고르세요. 🎧6-4
   请仔细听并选择正确的答案。

①

②

③

④

친구와 이야기해 보세요.
请和朋友进行对话练习。

보기 아루잔 **책상이 어디에 있어요?**

왕페이 **침대 옆에 있어요.**

1)
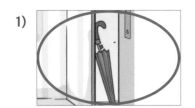

2)

3)

4)

5)

6)

친구의 방에 무엇이 있어요? 친구의 이야기를 들으면서 그려 보세요.
朋友的房间里有什么? 请听朋友的描述并画出来。

질문 问题	네 是	아니요 不是
1 나는 위치 표현(위, 아래, 옆, 앞, 뒤, 안, 밖, 사이)를 구별하여 사용할 수 있어요 我可以区分并使用位置表达（위, 아래, 옆, 앞, 뒤, 안, 밖, 사이）。		
2 나는 물건 이름을 알고 사용할 수 있어요. 我可以了解并使用物品的名称。		
3 나는 'N에 있어요/없어요'의 의미를 알고 사용할 수 있어요. 我可以了解'N에 있어요/없어요'的含义并使用。		
4 나는 'N와/과'의 의미를 알고 사용할 수 있어요. 我可以了解'N와/과'的含义并使用。		
5 나는 물건의 위치를 질문을 하고 대답을 할 수 있어요. 我可以提问并回答物品的位置。		

MEMO

얼마예요?

多少钱?

- 여러분, 한국 전화번호가 있어요? 大家有韩国的电话号码吗?
- 전화번호가 뭐예요? / 몇 번이에요? 电话号码是多少?
- 여러분 가방이 얼마예요? 大家包多少钱?

학습 목표 学习目标

1. 한자어 숫자(Sino-Korean number)를 말하고 쓸 수 있어요.
   可以说和写汉字词数字。

2. 금액(돈)을 정확하게 읽고 말할 수 있어요.
   可以正确地读和说金额（钱）。

3. 물건을 사는 데 필요한 표현을 사용할 수 있어요.
   可以使用购物时所需的表达方式。

4. 전화번호를 물어보고 말하고 듣고 쓸 수 있어요.
   可以询问、说出、听懂并写出电话号码。

숫자 数字	고유어 숫자 固有词数字(韩语固有数词)	하나, 둘, 셋, 넷, 다섯, 여섯, 일곱. 여덟, 아홉, 열...
	한자어 숫자 汉字词数字	일, 이, 삼, 사, 오, 육, 칠, 팔, 구, 십...

숫자 汉字词数字

1	일	11	십일	30	삼십
2	이	12	십이	40	사십
3	삼	13	십삼	50	오십
4	사	14	십사	60	육십
5	오	15	십오	70	칠십
6	육	16	십육	80	팔십
7	칠	17	십칠	90	구십
8	팔	18	십팔	100	백
9	구	19	십구	1000	천
10	십	20	이십	10000	만
0	공/영				

학습 어휘 学习词汇

- 가게 店铺
- 사과 苹果
- 귤 橘子
- 오이 黄瓜
- 파 葱
- 잠시만요 稍等一下

- 과일 水果
- 수박 西瓜
- 채소 蔬菜
- 방울토마토 小西红柿
- 단(파 한 단) 一把（一把葱）
- 전화번호 电话号码

- 바나나 香蕉
- 포도 葡萄
- 양파 洋葱
- 파프리카 彩椒
- 사무실 办公室

✏️ **다음 숫자를 한글로 쓰세요.**
请用韩语写下面的数字。

数字	韩语	연습 練習					
0	공/영	공/영					
1	일						
2	이						
3	삼						
4	사						
5	오						
6	육						
7	칠						
8	팔						
9	구						
10	십						
20							
30							
40							
50							
60							
70							
80							
90							
100							
1,000							
10,000							
100,000							

문법 1 숫자  7-1

하루카 **전화번호가 뭐예요?**
안톤 **010 6798 1234**예요.
　　　공일공 육칠구팔 일이삼사예요.

왕페이 사무실 **전화번호가 몇 번**이에요?
지원 **02 – 2745 – 3267**이에요.
　　　공이(에) 이칠사오(에) 삼이육칠이에요.

문법 사용 语法使用

● 전화번호 숫자 뒤에 '-'는 '의'라고 쓰고 [에]라고 발음해요.
　电话号码数字后面的 "-" 写作 "의"，发音为[에]。

[예문]

> · 02　　　　 –　　　 2745　　　 –　　　 3267이에요.
> 　공이의[에] 이칠사오의[에] 삼이육칠이에요.
> · 010　　　 –　　　 2087　　　 –　　　 1642예요.
> 　공일공의[에] 이공팔칠의[에] 일육사이예요.

보기 와 같이 말하세요.
请仿照例子说。

보기

퓨퓨아웅　에릭 씨, 전화번호가 몇 번이에요?/뭐예요?
에릭　　　제 전화번호는 010-3684-7307이에요.

1)

왕페이　지원 씨, 전화번호가 몇 번이에요?
지원　　제 전화번호는
　　　　010-4131-8501이에요.

2)

루카　후이 씨, 전화번호가 뭐예요?
후이　제 전화번호는
　　　010-2575-5325예요.

3)

안톤　　아루잔 씨, 사무실 전화번호가
　　　　몇 번이에요?
아루잔　잠시만요, 사무실 전화번호는
　　　　031-238-9962예요.

4)

하루카　줄리앙 씨, 그 커피숍 전화번호가
　　　　뭐예요?
줄리앙　잠시만요. 02-2173-6567이에요.

문법 2 숫자 읽기 7-2

루카	커피가 **얼마예요**?
지원	**5,000원**이에요.
	(오천원)

왕페이	그 컴퓨터는 **얼마예요**?
퓨퓨아웅	**1,250,000원**이에요.
	(백이십오만원)

문법 사용 语法使用

- 한국에서는 돈 단위가 '원'이에요.
  在韩国，货币单位是'원'。
- 100은 일백이 아니라 '백'이라고 읽고 말해요. 같은 방식으로 1,000도 '천', 10,000도 '만'이라고 읽고 말해요.
  100不是读作'일백'，而是读作'백'。同样的方式，1,000读作"천(千)"，10,000读作"만(万)"。

■ 숫자 읽기 读数字

1	0	0	0	0	0	0	0	0
억	천만	백만	십만	만	천	백	십	일

[예]

· 100000 십만   10 / 0000   십 / 만
· 125000 십이만 오천   12 / 5000   십이 / 만 / 오천
· 134090 십삼만 사천구십 13 / 4090   13만 4090   십삼 / 만 / 사천구십
· 1250000 백이십오만   125 / 0000   125만   백이십오 / 만

📖 📝 **1. 다음 숫자를 읽고 한글로 쓰세요.**
请读出下面的数字并用韩语写出来。

① 0 _____ ② 9 _____ ③ 13 _____ ④ 18 _____

⑤ 24 _____ ⑥ 27 _____ ⑦ 33 _____ ⑧ 37 _____

⑨ 41 _____ ⑩ 52 _____ ⑪ 60 _____ ⑫ 79 _____

⑬ 82 _____ ⑭ 100 _____ ⑮ 101 _____ ⑯ 111 _____

⑰ 119 _____ ⑱ 114 _____ ⑲ 486 _____ ⑳ 596 _____

📖 📝 **2.다음 숫자를 읽고 한글로 쓰세요.**
请读出下面的数字并用韩语写出来。

| 예 | 358000원 → 35/8000 삼십오만팔천원 |

① 1원 _____ ② 10원 _____ ③ 100원 _____ ④ 1000원 _____

⑤ 1001원 _____ ⑥ 1011원 _____ ⑦ 1111원 _____ ⑧ 1050원 _____

⑨ 2500원 _____ ⑩ 3900원 _____ ⑪ 5800원 _____ ⑫ 9909원 _____

⑬ 10000원 _____ ⑭ 10001원 _____ ⑮ 10011원 _____ ⑯ 10111원 _____

⑰ 11111원 _____ ⑱ 25900원 _____ ⑲ 100000원 _____ ⑳ 108000원 _____

보기 와 같이 말하세요.
请仿照例子说。

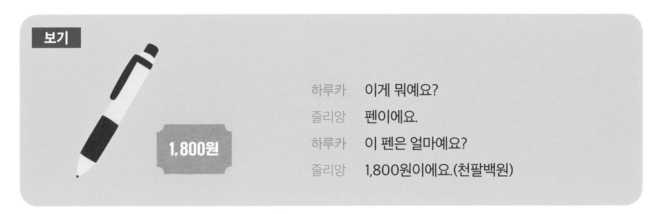

보기

하루카	이게 뭐예요?
줄리앙	펜이에요.
하루카	이 펜은 얼마예요?
줄리앙	1,800원이에요.(천팔백원)

1)

9,900원

2)

17,800원

3)

500,000원
Sale ⇒ 350,000원

4)

1,894,900원

5)

36,740,000원

6)

570,000,000원

1. 하루카 씨 전화번호는 몇 번이에요? 〔7-3〕
하루카 씨, 你的电话号码是多少?

① 010-4809-3245   ② 010-4809-4245   ③ 010-3809-4235   ④ 010-3809-3235

 2. 펜은 얼마예요? 〔7-4〕
笔多少钱?

① 1,200원   ② 1,300원   ③ 1,400원   ④ 1,500원

3. 다음 중 틀린 것(X)을 고르세요. 〔7-5〕
请从以下选项中选出错误的一项。

① 공책: 1,800원   ② 가방: 12,000원   ③ 지우개: 300원   ④ 연필: 700원

 4. 컴퓨터는 얼마예요? 듣고 쓰세요. 〔7-6〕
电脑多少钱? 请听完后写出来。

_____ 원

보기 와 같이 말하세요.
请仿照例子说。

보기

하루카	안녕하세요?
안톤	아, 하루카 씨, 안녕하세요. 한국 전화번호 있어요?
하루카	네, 있어요.
안톤	전화번호가 몇 번이에요?
하루카	제 전화번호는 010-2398-7765예요. 안톤 씨는요?
안톤	아, 저는 아직 한국 전화번호가 없어요. 그 휴대폰은 얼마예요?
하루카	조금 비싸요. 1,680,000원이에요.

1)

후이	안녕하세요?
왕페이	아, 후이 씨, 안녕하세요. 한국 전화번호 있어요?
후이	네, 있어요.
왕페이	전화번호가 몇 번이에요?
후이	제 전화번호는 _____이에요/예요. 왕페이 씨는요?
왕페이	아, 저는 아직 한국 전화번호가 없어요. 그 휴대폰은 얼마예요?
후이	조금 비싸요. _____이에요.

2)

에릭	안녕하세요?
아루잔	아, 에릭 씨, 안녕하세요. 한국 전화번호 있어요?
에릭	네, 있어요.
아루잔	전화번호가 몇 번이에요?
에릭	제 전화번호는 _____이에요/예요. 아루잔 씨는요?
아루잔	아, 저는 아직 한국 전화번호가 없어요. 그 휴대폰은 얼마예요?
에릭	조금 비싸요. _____이에요.

3)

퓨퓨아웅	안녕하세요?
줄리앙	아, 퓨퓨아웅 씨, 안녕하세요. 한국 전화번호 있어요?
퓨퓨아웅	네, 있어요.
줄리앙	전화번호가 몇 번이에요?
퓨퓨아웅	제 전화번호는 _____이에요/예요. 퓨퓨아웅 씨는요?
줄리앙	아, 저는 아직 한국 전화번호가 없어요. 그 휴대폰은 얼마예요?
퓨퓨아웅	조금 비싸요. _____이에요.

1. 친구의 전화번호를 묻고 내 전화번호도 알려 주세요.
询问朋友的电话号码，也告诉他我的电话号码。

지원 안녕하세요. 루카 씨, 전화번호가 뭐예요?

루카 제 전화번호는

_____이에요/예요.

지원 씨 전화번호는 뭐예요?

지원 제 전화번호는 _____이에요/예요.

/한국 전화번호가 없어요.

친구	전화번호
A	
B	
C	
D	

2. 다음 두 가게에서 파는 과일과 채소가 얼마인지 물어 보세요.
请问一下下面两家商店卖的水果和蔬菜多少钱?

과일 가게

채소 가게

	질문 问题	네 是	아니요 不是
1	나는 1부터 100,000,000까지 숫자를 읽고 쓸 수 있어요. 我可以读写从1到100,000,000的数字。		
2	나는 전화번호를 물어보고 말할 수 있어요. 我可以询问并说出电话号码。		
3	나는 물건의 가격을 물어볼 수 있어요. 我可以询问物品的价格。		
4	나는 물건의 가격을 정확히 읽고 말할 수 있어요. 我可以准确地读并说出物品的价格。		

MEMO

치즈버거도
한 개 주세요.

我还要一个芝士汉堡。

- 여러분은 점심에 무엇을 먹어요? 大家中午吃什么?
- 여러분은 음식 주문을 어떻게 해요? 大家怎么点餐呢?

학습 목표 学习目标

1. 고유어 숫자를 알고 활용할 수 있어요.(하나, 둘, 셋, 넷...)
   可以了解并灵活运用固有词数字(韩语固有数词)。(一, 二, 三, 四......)

2. 단위 명사를 알고 사용할 수 있어요. (개, 명, 병, 잔...)
   可以了解并使用单位名词。(个, 名, 瓶, 杯…)

3. 음식 이름을 한국어로 알고 말할 수 있어요.
   可以了解并用韩语说出食物的名字。

4. 'N+주세요'의 의미를 알고 사용할 수 있어요.
   可以了解并使用 'N+주세요'。

5. '숫자, 단위 명사, 그리고, 도, 주세요'를 사용하여 음식 주문하기를 할 수 있어요.
   (치즈버거 세 개 주세요. 그리고 콜라도 주세요.)
   可以使用 '숫자, 단위 명사, 그리고, 도, 주세요' 来点餐。
   (请给我三个芝士汉堡, 还有可乐。)

6. 키오스크에 있는 한국어를 알고 주문할 수 있어요.
   可以看懂自助点餐机上的韩语, 并能进行点餐。

음식 食物

한식 韩餐	불고기	비빔밥	갈비	김치	냉면
분식 面食、小吃	떡볶이	라면	만두	어묵	김밥	순대
중식 中餐	마라탕	훠궈	자장면/짜장면	짬뽕	탕수육
일식 日餐	초밥(스시)	우동	회	돈가스
패스트푸드 快餐	감자튀김	햄버거	치킨
음료 饮料	물	콜라	사이다	주스

숫자 数字(固有词)	고유어 숫자 固有词数字(韩语固有数词)				하나, 둘, 셋, 넷, 다섯, 여섯, 일곱. 여덟, 아홉, 열...					
	한자어 숫자 汉字词数字				일, 이, 삼, 사, 오 육, 칠, 팔, 구, 십...					

1	2	3	4	5	6	7	8	9	10
하나	둘	셋	넷	다섯	여섯	일곱	여덟	아홉	열

11	20	30	40	50	60	70	80	90	100
열하나	스물	서른	마흔	쉰	예순	일흔	여든	아흔	백

연습 练习

숫자를 10번씩 쓰세요.
请每个数字写10遍。

하나	하나 하나 하나
둘	
셋	
넷	
다섯	
여섯	
일곱	
여덟	
아홉	
열	

학습 어휘 学习词汇

- 산타할아버지 圣诞老人
- 새우버거 虾堡
- 포장 打包
- 잠시만 기다려 주세요. 请稍等一下
- 치즈버거 芝士汉堡
- 맥주 啤酒
- 와플 华夫饼
- 아메리카노 美式咖啡
- 주문하다 点餐

문법1 단위 명사 🎧8-1

왕페이　펜이 있어요?

에릭　　네, 펜이 하나 있어요.

퓨퓨아웅　햄버거가 **몇** 개예요?

줄리앙　　햄버거가 **세 개**예요.

단위 명사 单位名词

개

명/분

★인분

그릇/접시

세트

조각

판

줄

병/캔

잔

마리

자루

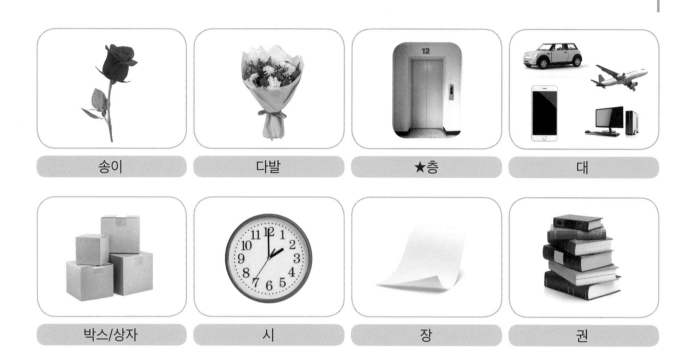

송이	다발	★층	대
박스/상자	시	장	권

- '사물/음식/음료 + 숫자 + 단위 명사' 순서로 사용해요.
  按照 "사물/음식/음료 + 숫자 + 단위 명사 事物/食物/饮料 + 数字 + 单位名词" 的顺序使用。

- '개, 명, 병, 잔' 등의 단위 명사와 함께 쓸 때 하나, 둘, 셋, 넷은 '한, 두, 세, 네'로 사용해요.
  当与 '개, 명, 병, 잔 个, 名, 瓶, 杯' 等单位名词一起使用时, "하나, 둘, 셋, 넷" 分别变成 "한, 두, 세, 네"

1	2	3	4	5	6	7	8	9	10
하나	둘	셋	넷	다섯	여섯	일곱	여덟	아홉	열
한 개	두 개	세 개	네 개	다섯 개	여섯 개	일곱 개	여덟 개	아홉 개	열 개

20	21	22	23	24
스물	스물+하나	스물+둘	스물+셋	스물+넷
스무 개	스물 한 개	스물 두 개	스물 세 개	스물 네 개

- '스물'이 단위 명사와 함께 사용할 때 '스무'로 변해요.
  '스물' 在与单位名词一起使用时变成 '스무'。

- '서른, 마흔, 쉰, 예순, 일흔, 여든, 아흔'은 변하지 않아요.
  '서른, 마흔, 쉰, 예순, 일흔, 여든, 아흔' 不发生变化。

  →서른 개, 마흔 개, 쉰 개, 예순 개, 일흔 개, 여든 개, 아흔 개

연습 练习

 1. 단위 명사를 10번씩 쓰세요.
请每个单位名词写10遍。

	개	개 개 개
	대	
	명	
	분	
	병	
	잔	
	그릇	
	장	
	마리	
	자루	
	판	
	송이	
	다발	
	층	
	세트	
	박스	
	캔	
	권	
	인분	
	시	
	줄	
	조각	

보기 와 같이 말하세요.
请仿照例子说。

보기

루카	가방이 있어요?
안톤	네, 있어요.
루카	가방이 몇 개 있어요?
안톤	가방이 한 개 있어요.

가방 / 1

1)

장미꽃 / 8

2)

강아지 / 1

3)

자동차 / 3

4)

커피 / 6

5)

비빔밥 / 4

6)

사람 / 2

문법 2 N+주세요 8-2

지원 치즈버거 세 개 주세요.

점원 여기 있어요.

아루잔 카페라떼 한 잔 주세요.

점원 여기 있어요.

문법 사용 语法使用 〉 N+주세요

- '주세요'는 주다(give)의 높임 표현(-으세요)으로 음식을 주문할 때나 상대방에게 특정한 물건을 요청할 때 음식 이름이나 물건 이름 뒤에 '주세요'를 말하면 돼요.
  '주세요'是주다（给）的敬语形式，用于点餐或向对方请求特定物品时，只需在食物名称或物品名称后面加上 '주세요'。

[예문]

- 저는 펜이 없어요. → 펜 주세요.
- 엄마, 저는 지금 돈이 없어요. → 돈 주세요.
- 카페에서 → 커피 한 잔 주세요.

산타 할아버지에게 말하세요.

请对圣诞老人说。

"산타 할아버지,

_____ 주세요."

보기 와 같이 말하세요.
请仿照例子说。

미쉘   치즈버거 세 개 주세요.
하루카   여기 있어요.

치즈버거 / 3

1)

가방 / 4

2)

연필 / 3

3)

아메리카노 / 2

4)

새우버거 / 8

5)

우유 / 12

6)

불고기 / 1

문법 3 그리고, 도 8-3

점원　주문하시겠어요?

하루카　치즈버거 한 개 주세요.

　　　　그리고 콜라도 한 잔 주세요.

문법 사용 语法使用

그리고

- '그리고'는 앞 문장과 뒤 문장을 단순히 나열할 때 사용해요.
  '그리고'用于简单列举前后句子。

도

- '도'는 주어나 목적어 기능을 하는 명사 뒤에서 사용되며 대상을 나열하거나 그 앞의 대상에 더해짐을 나타내요.

  '도'用于主语或宾语功能的名词后面，表示列举对象或在前面的对象上添加。

TIP

'도'는 대상 명사와 단위 명사 모두에 쓰일 수 있어요.
'도'可以用于对象名词和单位名词。

[예문]

· 콜라도 한 잔 주세요. (O)　　　　　　　　· 콜라 한 잔도 주세요. (O)

TIP

레스토랑, 식당, 커피숍에서 점원이 손님에게 주문을 받을 때 쓰는 표현이에요.
这是在西餐厅、饭店、咖啡厅，店员接受顾客点餐时使用的表达方式。

[예문]

· 주문하시겠어요? 您要点餐吗?　　　　　　· 뭐 주문하시겠어요? 您要点什么?

연습 练习

 보기 와 같이 말하세요.
请仿照例子说。

보기

 1 ＋  2

체첵 　뭐 주문하시겠어요?

지원 　피자 한 조각 주세요. 그리고 사이다도 두 잔 주세요.

지원 　피자 한 조각 주세요. 그리고 사이다 두 잔도 주세요.

1)  9 ＋ 4

2) 6 ＋ 8

3) 3 ＋ 7

4)  10 ＋ 5

보기 와 같이 여러분도 메뉴판을 보고 주문해 보세요.
请仿照例子，大家也试着看菜单并点餐。

보기

점원	주문하시겠어요?
손님	네, 아메리카노 한 잔 주세요.
점원	여기서 드세요? 포장이에요?
손님	여기서 먹어요. 그리고 와플도 두 개 주세요.
점원	네, 아메리카노 하나, 와플 두 개요?
손님	네.
점원	잠시만 기다려 주세요.

1) 분식

점원 _____

손님 _____

점원 _____

손님 _____

점원 _____

손님 _____

점원 _____

2) 햄버거 가게

점원 _____

손님 _____

점원 _____

손님 _____

점원 _____

손님 _____

점원 _____

1. 다음을 듣고 알맞은 그림을 고르세요. 🎧8-4
听下面的内容并选择正确的图片。

① 　　② 　　③ 　　④

 2. 다음을 듣고 알맞은 그림을 연결하세요. 🎧8-5
请听下面的内容并连接正确的图片。

① 지원 ●

② 루카 ●

③ 후이 ●

● ㉠

● ㉡

● ㉢

 3. 다음을 듣고 질문에 대답하세요. 🎧8-6
请听下面的内容并回答问题。

1) 지금 여기는 어디예요? 现在这里是哪里?

　① 학교　　　② 가게　　　　③ 커피숍　　　④ 한식당

2) 지금 이 사람은 무엇을 안(X) 먹어요? 现在这个人不吃什么?

　① 커피　　　② 와플　　　③ 쿠키　　　④ 초콜릿

3) 이 사람은 뭐 먹어요? 그리세요. 这个人吃什么? 请画出来。

지금 친구의 가방에 무엇이(뭐가) 있어요?

现在朋友的包里有什么?

무엇이 몇 개 있어요? 무엇이 없어요? 친구의 이야기를 듣고 그림을 그리세요.

有什么，有几个? 没有什么? 听朋友的描述并画出图片。

1) 친구1의 가방

2) 친구2의 가방

식당, 커피숍 등에 키오스크가 있어요. 키오스크를 사용해 보세요. 그리고 영상을 찍어 보세요.
在饭店、咖啡厅等地方有自助点餐机。请使用自助点餐机，并拍摄视频。

질문 问题	네 是	아니요 不是
1 나는 한국어로 음식 이름을 알고 말할 수 있어요. 我可以了解并用韩语说出食物的名字。		
2 나는 하나, 둘, 셋... 숫자를 읽고 말할 수 있어요. 我可以读并说出一，二，三等数字。		
3 나는 '개, 명, 병, 잔...' 단위 명사를 알고 말할 수 있어요. 我可以了解并说出 "개, 명, 병, 잔... 个，名，瓶，杯"等单位名词。		
4 나는 'N+주세요'를 사용할 수 있어요. 我可以使用'N+주세요'。		
5 나는 '그리고, 도'를 사용할 수 있어요. 我可以使用'그리고, 도'。		
6 나는 식당, 커피숍에서 주문할 수 있어요. 我可以在饭店、咖啡厅点餐。		
7 나는 키오스크로 음식, 커피, 차를 주문할 수 있어요. 我可以用自助点餐机点食物、咖啡、茶。		

MEMO

오늘 뭐 해요?

今天做什么?

- 여러분, 오늘 뭐 해요? 大家今天做什么?
- 여러분은 무엇을 좋아해요? 大家喜欢什么?

학습 목표 学习目标

1. 기본 동사를 알고 말할 수 있어요.
   可以了解并说出基本动词。

2. '-아요/-어요/-해요' 규칙을 알고 '- 해요' 규칙을 단어에 적용하여 말할 수 있어요.
   了解'-아요/-어요/-해요'的规则, 并可以将'-해요'规则应用于单词中进行表达。

3. 목적어 '-을/를'을 올바르게 사용할 수 있어요.
   可以正确使用宾语助词'-을/를'。

4. 시계를 보고 시간을 말할 수 있어요.
   可以看钟表并说出时间。

기본 동사 1 基本动词 1

운동하다
운동하다 운동하다
운동하다 운동하다

전화하다
전화하다 전화하다
전화하다 전화하다

공부하다
공부하다 공부하다
공부하다 공부하다

청소하다
청소하다 청소하다
청소하다 청소하다

일하다
일하다 일하다
일하다 일하다

이야기하다
이야기하다 이야기하다
이야기하다 이야기하다

숙제하다
숙제하다 숙제하다
숙제하다 숙제하다

말하다
말하다 말하다
말하다 말하다

사랑하다
사랑하다 사랑하다
사랑하다 사랑하다

컴퓨터하다
컴퓨터하다 컴퓨터하다
컴퓨터하다

쇼핑하다
쇼핑하다 쇼핑하다
쇼핑하다 쇼핑하다

생각하다
생각하다 생각하다
생각하다 생각하다

노래하다
노래하다 노래하다
노래하다 노래하다

요리하다
요리하다 요리하다
요리하다 요리하다

좋아하다
좋아하다 좋아하다
좋아하다 좋아하다

싫어하다
싫어하다 싫어하다
싫어하다 싫어하다

기본 동사 2 基本动词 2

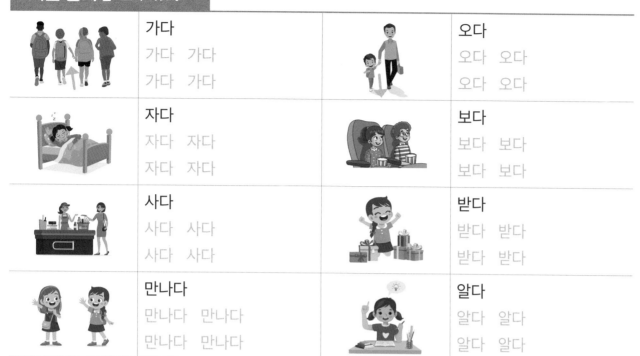

	가다		오다
	가다 가다		오다 오다
	가다 가다		오다 오다
	자다		보다
	자다 자다		보다 보다
	자다 자다		보다 보다
	사다		받다
	사다 사다		받다 받다
	사다 사다		받다 받다
	만나다		알다
	만나다 만나다		알다 알다
	만나다 만나다		알다 알다

기본 동사 3 基本动词 3

	먹다		배우다
	먹다 먹다		배우다 배우다
	먹다 먹다		배우다 배우다
	읽다		춤추다
	읽다 읽다		춤추다 춤추다
	읽다 읽다		춤추다 춤추다
	마시다		주다
	마시다 마시다		주다 주다
	마시다 마시다		주다 주다
	가르치다		쉬다
	가르치다 가르치다		쉬다 쉬다
	가르치다 가르치다		쉬다 쉬다

학습 어휘 学习词汇

• 좋다 好、喜欢

시간 时间

| 어제 | 오늘 | 내일 | 아침, 점심, 저녁 |

| 오전 | 오후 | 저녁 | 밤 | 낮 |

TIP

아침, 점심, 저녁은 식사로도 사용될 수 있어요.
"아침, 점심, 저녁" 也可以作为餐(早餐、午餐、晚餐)来使用。

[예문]

· 저는 아침을 안 먹어요.　　· 언제 점심을 먹어요?　　· 오늘 친구와 저녁을 먹어요.

시계 읽기 看钟表说时间

_____ 시

| 한 시 | 두 시 | 세 시 | 네 시 | 다섯 시 | 여섯 시 |

| 일곱 시 | 여덟 시 | 아홉 시 | 열 시 | 열한 시 | 열두 시 |

_____ 분

| 오 분 | 십 분 | 십오 분 | 이십 분 | 삼십 분 = 반 | 사십오 분 |

★ 9과, 10과에서는 '-아요/-어요/-해요'를 배워요.
在第9课和第10课中学习'-아요/-어요/-해요'。

문법 사용 语法使用

- '-해요/-아요/-어요' 가장 두루두루 사용할 수 있는 말로, 질문을 하거나 대답을 할 때 편하게 사용할 수 있어요.
  현재시제에 사용하지만 계획이나 가까운 미래에도 사용할 수 있어요.
  '-해요/-아요/-어요'是最常用的表达形式，提出问题或回答问题，都可以方便地使用。虽然用于现在时，但也可以用于计划或不久的将来。

-아요		
ㅏ, ㅗ	받침 O	좋다 + 아요 → 좋아요 받다 + 아요 → 받아요
	받침 X	만나다 + 아요 → 만나요 오다 + 아요 → 와요
-어요		
~~ㅏ,ㅗ~~	받침 O	있다 + 어요 → 있어요 먹다 + 어요 → 먹어요
	받침 X	마시다 + 어요 → 마시어요 → 마셔요 주다 + 어요 → 주어요 → 줘요
-해요		
___하다		하다 → 해요 공부하다 → 공부해요 쇼핑하다 → 쇼핑해요

TIP

억양에 따라 의미가 달라져요.
根据语调的不同，意义也会有所不同。

· 평서문 陈述句 : 공부해요.(→)
· 의문문 疑问句 : 공부해요? (↗)
· 청유문 共动句 : (같이) 공부해요. (⤳)
· 명령문 命令句 : 공부해요.(↘)

문법 1 -아요/-어요/-해요

| 후이 | 지금 뭐 해요? | | 에릭 | 오전에 뭐 해요? |
| 하루카 | 저는 청소해요. | | 루카 | 저는 한국어를 공부해요. |

문법 사용 语法使用

- '-해요/-아요/-어요' 가장 두루두루 사용할 수 있는 말로, 질문을 하거나 대답을 할 때 편하게 사용할 수 있어요. 현재시제에 사용하지만 계획이나 가까운 미래에도 사용할 수 있어요.
  '-해요/-아요/-어요'是最常用的表达形式，提出问题或回答问题，都可以方便地使用。虽然用于现在时，但也可以用于计划或不久的将来。

-아요		
ㅏ, ㅗ	받침 O	좋다 + 아요 → 좋아요 받다 + 아요 → 받아요
	받침 X	만나다 + 아요 → 만나요 오다 + 아요 → 와요
-어요		
~~ㅏ,ㅗ~~	받침 O	있다 + 어요 → 있어요 먹다 + 어요 → 먹어요
	받침 X	마시다 + 어요 → 마시어요 → 마셔요 주다 + 어요 → 주어요 → 줘요
-해요		
___하다		하다 → 해요 공부하다 → 공부해요 쇼핑하다 → 쇼핑해요

다음 단어들을 '-해요' 형태로 쓰세요.
请将下面的单词写成 '-해요' 的形式。

-해요				
운동하다				
공부하다				
일하다				
숙제하다				
사랑하다				
쇼핑하다				
노래하다				
연습하다				
전화하다				
청소하다				
이야기하다				
말하다				
생각하다				
요리하다				
좋아하다				
싫어하다				

문법 2 N을/를 9-2

아루잔 지금 뭐 해요?
지원   저는 한국어**를** 공부해요.

줄리앙 오늘 뭐 해요?
왕페이 저는 쇼핑**을** 해요.

문법 사용 语法使用

● '-을/를'은 명사 뒤에 붙어 그 명사가 목적어임을 나타내요.
  '-을/를' 是接在名词后表示宾语的助词。

■ N을/를

의미	명사 뒤에 붙어 그 명사가 목적어임을 나타냄 接在名词后表示宾语。			
형태 변화	**받침 O**	밥: 밥**을** 쇼핑: 쇼핑**을**	**받침 X**	공부: 공부**를** 한국어: 한국어**를**

[예문]

· 저는 공부를 해요.   · 저는 쇼핑을 좋아해요.

연습 练习

1. 저는 한국어(을 , 를) 공부해요.   2. 저는 커피(을, 를) 좋아해요.

3. 저는 전화(을 , 를) 해요.   4. 저는 사과(을 , 를) 좋아해요.

5. 저는 김치(을 , 를) 싫어해요.   6. 저는 지금 숙제(을 , 를) 해요.

7. 저는 일(을 , 를) 해요.   8. 저는 운동(을 , 를) 좋아해요.

문법 3 시간 + 에

퓨퓨아웅 지금 **몇 시**예요?

에릭　　지금 **한 시**예요.

안톤　　**몇 시에** 운동해요?

후이　　저는 저녁 **여덟 시에** 운동해요.

문법 사용 语法使用

- '-에'는 시간을 나타내는 단어 뒤에 사용해요.
  '-에' 在表示时间的单词后面使用。

[예문]

| · 오전+에, 오후+에, 밤+에 | · 저는 오전에 운동해요. | · 저는 오후에 친구와 쇼핑해요. |

TIP

· 어제, 오늘, 내일, 지금 + 에(X) '어제, 오늘, 내일, 지금' 后面不能使用 '에'。

연습 练习

 지금 몇 시예요? 한글로 쓰세요.
现在几点了? 请用韩语写出来。

1) 12:00 _____

2) 5:10 _____

3) 3:30 _____

4) 4:55 _____

5) 1:20 _____

6) 10:00 _____

✎ **보기** 와 같이 쓰세요.
请仿照例子写。

보기

왕페이   아루잔 씨, 오늘 뭐 해요?
아루잔   저는 오늘 <u>운동해요.(= 운동을 해요.)</u>

1)

지원   에릭 씨, 오늘 저녁에 뭐 해요?
에릭   오늘 저녁에 _____ .

2)

하루카   퓨퓨아웅 씨, 오늘 뭐 해요?
퓨퓨아웅   오늘 저는 _____ .

3)

안톤   줄리앙 씨, 뭐 좋아해요?
줄리앙   저는 _____ .

4)

루카   후이 씨, 뭐 싫어해요?
후이   저는 _____ .

PART 4 듣기 听力

 1. 아루잔 씨는 내일 오후에 뭐 해요? 9-4
아루잔明天下午做什么?

① 　② 　③ 　④

 2. 다음 대화를 듣고 틀린 것(X)을 고르세요. 9-5
听下面的对话，请选择错误的一项。

① 줄리앙 씨는 지금 공부해요.　　② 줄리앙 씨는 청소를 좋아해요.

③ 퓨퓨아웅 씨는 청소를 싫어해요.　④ 퓨퓨아웅 씨는 오늘 오후에 청소해요.

 3. 이 사람의 하루 일과를 순서대로 쓰세요. 9-6
请按照顺序写出这个人一天的日程。

 ➡  ➡  ➡

(　　　　)　　　(　　　　)　　　(　　　　)　　　(　　　　)

1. 우리 반 친구들은 몇 시에 무엇을 해요? 그림을 보고 말하세요.

   我们班的同学们几点做什么? 请看图说一说。

아루잔

허지원

퓨퓨아웅

후이

에릭

줄리앙

2. 여러분은 보통 몇 시에 다음과 같은 일을 해요?

   大家通常几点做以下事情?

   • 저는 _____ 공부해요.

   • 저는 _____ 요리해요.

   • 저는 _____ 운동해요.

1. 친구와 이야기해 보세요.
请和朋友进行对话练习。

1) 지금 몇 시예요?

2) 오늘 뭐 해요?

3) 밤 10시에 보통 뭐 해요?

4) 오전에 보통 뭐 해요?

2. 아래 그림을 보고 친구와 이야기해 보세요.
请看下面的图片，并和朋友对话。

1) 뭐 좋아해요?

2) 뭐 싫어해요?

	질문 问题	네 是	아니요 不是
1	나는 기본 동사를 알고 말할 수 있어요. 我可以了解并能说出基本动词。		
2	나는 동사 '00하다'를 '00해요'로 바꾸어 말할 수 있어요. 我可以将动词'00하다'变为'00해요'说出来。		
3	나는 목적어 '을/를'을 적절히 잘 사용할 수 있어요. 我可以恰当地使用宾语助词'을/를'。		
4	나는 시계를 보고 정확한 시간을 말할 수 있어요. 我可以看着钟表准确地说出时间。		
5	나는 '시간+에' 표현을 사용할 수 있어요. 我可以使用'시간+에'的表达。		

MEMO

학교에서 뭐 해요?

在学校做什么?

- 여러분, 오늘 어디에 가요? 大家今天去哪里?
- 여러분은 학교에서 뭐 해요? 大家在学校做什么?
- 하루 일과를 말해 보세요. 说说你一天的日程。

학습 목표 学习目标

1. 동사에 '-아요/-어요/-해요'를 활용하여 말할 수 있어요.
   可以灵活运用'-아요/-어요/-해요'变化动词进行表达。

2. 장소 어휘를 알고 말할 수 있어요.
   可以了解并说出地点词汇。

3. '-에 가요', '-에서 -아요/-어요/-해요'를 상황에 맞게 올바르게 사용
   할 수 있어요.
   可以正确地在适当的情况下使用'-에 가요'、'-에서 -아요/-어요/
   -해요'。

4. 부정 '안'을 말할 수 있어요.
   可以使用否定词'안'进行表达。

5. 나의 하루 일과를 말할 수 있어요.
   可以说出我一天的日程。

장소 어휘 地点词汇

학교

도서관

교실/강의실

사무실(학과사무실)

(교수님) 연구실

기숙사

시장

극장(영화관)

노래방

집

백화점

은행

식당

카페(커피숍)

편의점

마트

PC방

회사

병원

문구점

서점

약국

우체국

공항

학습 어휘 学习词汇

- 태권도 跆拳道
- K-POP(케이팝) K-POP(韩流音乐)
- 묻다 问
- 신문 报纸
- 듣다 听
- 길 路
- 드라마 电视剧
- 걷다 走

문법 1 -아요/-어요/-해요 🎧10-1

안톤	오늘 뭐 해요?
후이	저는 친구를 **만나요**.

루카	에릭 씨를 **알아요**?
아루잔	네. 에릭 씨를 **알아요**. 제 친구예요.

문법 사용 语法使用 〉 **-아요**/-어요/-해요

-아요		예
ㅏ, ㅗ	받침 O	받다 + 아요 → 받**아요** 좋다 + 아요 → 좋**아요**
	받침 X	만나다 + 아요 → 만**나요** 오다 + 아요 → **와요**
-어요		예
~~ㅏ, ㅗ~~	받침 O	있다 + 어요 → 있어요 먹다 + 어요 → 먹어요
	받침 X	마시다 + 어요 → 마시어요 → 마셔요 주다 + 어요 → 주어요 → 줘요
-해요		예
___하다		**하다 → 해요** 공부하다 → 공부해요 쇼핑하다 → 쇼핑해요

[예문]

· 이 휴대폰이 좋아요.　　　· 저는 한국어를 알아요.　　　· 저는 친구를 만나요.

다음 단어들을 '-아요' 형태로 쓰세요.
请将下面的单词写成 '-아요' 的形式。

-아요				
가다				
자다				
사다				
만나다				
받다				
알다				
오다				
보다				
좋다				

문법 2 -아요/-어요/-해요

지원   오늘 오후에 시간이 **있어요**?

에릭   미안해요. 오늘 오후에 시간이 **없어요**.

퓨퓨아웅 **지금 뭐 해요?**

왕페이   저는 밥을 **먹어요**.

문법 사용 语法使用   -아요/-어요/-해요

-아요		예
ㅏ, ㅗ	받침 O	받다 + 아요 → 받아요 좋다 + 아요 → 좋아요
	받침 X	만나다 + 아요 → 만나요 오다 + 아요 → 와요
-어요		**예**
~~ㅏ, ㅗ~~	받침 O	있다 + 어요 → 있**어요** 먹다 + 어요 → 먹**어요**
	받침 X	마시다 + 어요 → 마시어요 → 마**셔요** 주다 + 어요 → 주어요 → **줘요**
-해요		예
___하다		하다 → 해요 공부하다 → 공부해요 쇼핑하다 → 쇼핑해요

[예문]

· 저는 밥을 먹어요.   · 저는 커피를 마셔요.   · 저는 한국어를 배워요.

TIP

'듣다, 걷다, 묻다'는 '-어요'와 결합할 때 조금 다른 모습으로 바뀌어요.
'듣다(听), 걷다(走), 묻다(问)'与'-어요'结合时会变成稍微不同的样子。

	[예문]
듣다 → 들어요 / 걷다 → 걸어요 / 묻다 → 물어요 모두 'ㄷ'이 'ㄹ'로 바뀌어요. 它们的'ㄷ'都会变成'ㄹ'。 그래서 'ㄷ 불규칙'이라고 말해요. 所以称为'ㄷ不规则变化'。	· 저는 음악을 들어요. · 저는 공원을 걸어요. · 저는 길을 물어요.

다음 단어들을 '-어요' 형태로 쓰세요.
请将下面的单词写成'-어요'的形式。

-어요			
먹다			
읽다			
마시다			
쉬다			
배우다			
춤추다			
싫다			
주다			
듣다			
걷다			

문법 3 N에 가다/오다/다니다 10-3

왕페이 **어디에 가요?**
하루카 저는 지금 카페**에 가요.**

줄리앙 내일 **어디에 가요?**
안톤 내일 극장**에 가요.**

문법 사용 语法使用

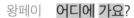

- 'N에 가다/오다/다니다'는 장소 명사 뒤에 '에'를 붙여 그 특정 장소에 '가다/오다/다니다'를 표현해요.
  "N에 가다/오다/다니다"是在地点名词后加'에'来表示"가다/오다/다니다"某个特定地点。

■ 장소N + 에 가다/오다/다니다

의미	장소 명사 뒤에 '에'를 붙여 '가다/오다/다니다'를 표현 在地点名词后加'에'表现"가다/오다/다니다"。	
형태 변화	장소 명사(N) + **에** 가다/오다/다니다	· 저는 오늘 극장**에** 가요. · 에릭 씨, 오늘 학교**에** 와요? · 아버지는 회사**에** 다녀요.

[예문]

- 학교에 가요.
- 도서관에 가요.

- 친구가 한국에 와요.
- 저는 학교에 다녀요.

TIP

한국어에서는 상대방과 대화 시 주어를 생략하기도 해요.
在韩语中，与对方对话时，主语有时会被省略。

연습 练习

보기 와 같이 말하세요.
请仿照例子说。

보기

왕페이   후이 씨, 어디에 가요?

후이   지금 도서관에 가요.

1)

하루카   어디에 가요?

줄리앙   _____ .

2)

퓨퓨아웅   어디에 가요?

에릭   _____ .

3)

아루잔   어디에 가요?

안톤   _____ .

4)

루카   어디에 가요?

지원   _____ .

문법 4 장소 명사(N) + 에서 + 동사 🎧10-4

후이 카페에서 뭐 해요?

아루잔 저는 카페에서 친구와 커피를 마셔요.

지원 학교에서 뭐 해요?

하루카 저는 학교에서 공부해요.

문법 사용 语法使用

- 'N에서 + 동사'는 장소 명사 뒤에 조사 '-에서'를 쓰고 그 장소에서 무엇을 하는지를 나타내요.
  'N에서 + 动词'是在地点名词后加助词 '-에서', 表示在那个地点做某事。

■ N에서 + 동사(V)

의미	장소 명사 뒤에 '에서'를 붙여 그 장소에서의 행위를 나타냄 在地点名词后加 '에서' 表示在那个地点的行为。	
형태 변화	장소 명사(N) +**에서** + 동사(V)	· 저는 영화관**에서** 영화를 봐요. · 저는 집**에서** K-POP을 들어요.

[예문]

· 저는 집에서 쉬어요.   · 저는 도서관에서 책을 읽어요.

TIP

학교에서 가요/와요/다녀요(X)

보기 와 같이 말하세요.
请仿照例子说。

보기

하루카   왕페이 씨, 도서관에서 뭐 해요?
왕페이   도서관에서 <u>책을 읽어요</u>.

1)

줄리앙   카페에서 뭐 해요?
아루잔   _____ .

2)

안톤   노래방에서 뭐 해요?
지원   _____ .

3)

퓨퓨아웅   시장에서 뭐 해요?
루카   _____ .

4)

후이   기숙사에서 뭐 해요?
에릭   _____ .

문법 5 안 + V

후이 오늘 학교에 가요?

에릭 아니요, **안** 가요.

퓨퓨아웅 게임 좋아해요?

아루잔 아니요, **안** 좋아해요.

문법 사용 语法使用

● '안'은 동사 앞에 써서 부정의 의미를 나타내요. '운동하다, 공부하다, 쇼핑하다'와 같이 'N+하다'의 동사는 'N+안+하다'로 사용해요.
'안'是放在动词前表示否定的意思。像'운동하다(运动), 공부하다(学习), 쇼핑하다(购物)'这样'N+하다'的动词用'N+안+하다'表示否定。

■ 안

의미	부정 否定			
형태 변화	동사(V)	**안** + 동사(V) · 학교에 **안** 가요. · 도서관에서 음악을 **안** 들어요.	N+하다	N + **안** + 하다 · 쇼핑 **안** 해요. * 좋아 **안** 해요(X) → 안 좋아해요.

[예문]

· 저는 지금 밥을 안 먹어요.   · 저는 커피를 안 좋아해요.   · 저는 오늘 공부(를) 안 해요.

TIP

'안'과 같은 표현으로 'V+지 않다'가 있어요. 和'안'一样的表达还有'V+지 않다'。

먹다 → 먹지 않다 좋아하다 → 좋아하지 않다 공부하다 → 공부하지 않다

[예문]

· 저는 책을 안 좋아해요. → 저는 책을 좋아하지 않아요.
· 저는 오늘 공부(를) 안 해요. → 저는 오늘 공부를 하지 않아요. / 공부하지 않아요.

표에 쓰세요. 请在表格里写出来。

	-아요/-어요/-해요	안	-지 않다
자다	자요	안 자요	자지 않아요
보다			
괜찮다			
사랑하다			

보기와 같이 말하세요.
请仿照例子说。

보기

지원   어디에 가요?
루카   도서관에 가요.
지원   도서관에서 뭐 해요?
루카   도서관에서 공부해요/책을 읽어요/자요.

1) 커피숍

2) 코인노래방

3) 기숙사

 보기와 같이 말하세요.
请仿照例子说。

보기

안톤   하루카 씨, 오늘 운동해요?
하루카   아니요, 오늘은 운동 안 해요.
         집에서 쉬어요.

1)

에릭   기숙사에 가요?
아루잔 아니요, _____ .

2)

퓨퓨아웅 학교에 가요?
왕페이   아니요, _____ .

1. 여기는 어디예요? 🎧10-6
这里是哪里?

① 학교　　　　　② 마트　　　　　③ 커피숍　　　　　④ 식당

2. 다음 대화를 듣고 답하세요. 🎧10-7
请听下面的对话并回答。

1) 다음을 듣고 O, X 하세요.
请听下面的内容并判断对错。

① 에릭 씨는 학교에 가요.　　　　　(　　　)

② 하루카 씨는 서점을 알아요.　　　　(　　　)

③ 에릭 씨는 공책과 펜을 사요.　　　　(　　　)

④ 두 사람은 같이 서점에 가요.　　　　(　　　)

⑤ 에릭 씨는 지금 문구점에 가요.　　　(　　　)

2) 다음 그림을 보고 서점과 문구점의 위치가 알맞은 그림을 고르세요.
请看下图，选择书店和文具店位置正确的图。

① 　　② 　　③ 　　④

 3. 다음을 듣고 O, X 하세요. 🎧10-8
请听下面的内容并判断对错。

① 줄리앙 씨는 회사원이에요.　　　　　(　　　)

② 줄리앙 씨는 오늘 공항에 가요.　　　　(　　　)

③ 공항에 한국 식당이 있어요.　　　　　(　　　)

④ 줄리앙 씨는 한국에서 한국어를 공부해요.　(　　　)

⑤ 줄리앙 씨의 친구는 한국 노래를 안 좋아해요.　(　　　)

친구에게 질문해 보세요.
请试着向朋友提问。

1	제 이름을 알아요?
2	오늘 어디에 가요?
3	한국음식을 먹어요?
4	김치를 먹어요?
5	태권도를 알아요?
6	K-POP을 좋아해요?
7	한국 친구가 있어요?
8	커피를 마셔요?
9	운동해요?
10	한국 드라마를 봐요?
11	선생님 이름을 알아요?
12	신문을 읽어요?
13	한국 전화번호가 있어요?
14	음악을 들어요?
15	도서관에 가요?
16	아르바이트를 해요?
17	노래방에 가요?
18	요리해요?
19	기숙사에서 뭐 해요?
20	어디에서 산책해요?
21	지금 무슨 생각해요?
22	_____ ?
23	_____ ?
24	_____ ?

PART 6

1. 친구의 하루일과를 물어 보세요. 어디에서 무엇을 해요?
   请问一下朋友一天的日程。在哪儿做什么?

	오전	오후	저녁	밤
친구 1				
친구 2				
친구 3				

2. 친구에게 질문해 보세요.
   请试着向朋友提问。

   - 친구는 오늘 뭐 해요? 어디에 가요? 왜 가요?

질문 问题	네 是	아니요 不是
1	나는 동사를 '-아요/-어요/-해요' 규칙에 맞게 바꾸어 말할 수 있어요. 我可以根据'-아요/-어요/-해요'规则变化动词进行表达。		
2	나는 장소 어휘를 알고 말할 수 있어요. 我可以了解并说出地点词汇。		
3	나는 'N에 가다/오다/다니다'를 활용하여 말할 수 있어요. 我可以灵活运用'N에 가다/오다/다니다'进行表达。		
4	나는 'N에서'를 사용하여 특정한 장소에서 무엇을 하는지 말할 수 있어요. 我可以用'N에서'表达在特定地点做什么。		
5	나는 '안'을 사용하여 부정 표현을 말할 수 있어요. 我可以用'안'进行否定表达。		
6	나는 친구의 하루 일과를 묻고 나의 하루 일과에 대해서도 말할 수 있어요. 我可以问朋友一天的日程，并说出自己一天的日程。		

부록

정답

듣기 지문

어휘 색인

정답

1과

p17 **2번** 🎧 1-8

1) ② 아   2) ③ 우
3) ① 오이   4) ③ 아우
5) ② 우애

p21 **1번** 🎧 1-12

1) ③ 노   2) ② 머
3) ④ 루   4) ① 나
5) ② 내   6) ② 므

p21 **2번** 🎧 1-13

1) ① 우리   2) ③ 노래
3) ③ 머리   4) ④ 나라
5) ② 어느

p28 **2번** 🎧 1-20

1) ③ 요   2) ② 예
3) ④ 여우   4) ② 이유
5) ④ 여유

p34 **3번** 🎧 1-27

1) ① 배   2) ③ 뽀뽀
3) ② 아파요

p34 **4번** 🎧 1-28

1) ② 커피   2) ③ 꼬리
3) ② 고기

2과

p42 **2번** 🎧 2-6

1) ③ 위   2) ① 외
3) ④ 와   4) ② 워
5) ③ 왜

p42 **3번** 🎧 2-7

1) ② 웨   2) ③ 봐요
3) ② 와요   4) ① 매워요
5) ② 어려워요

p48 **2번** 🎧 2-13

1) ④ 투   2) ③ 떠
3) ② 서   4) ② 씨
5) ③ 사과   6) ① 타요
7) ② 쉬워요   8) ③ 더워요

p57 **2번** 🎧 2-23

1) ③ 짜   2) ② 자
3) ③ 쥐   4) ① 치
5) ④ 초

p57 **3번** 🎧 2-24

1) ② 쥐   2) ③ 차요
3) ① 쥐요   4) ② 주스
5) ③ 기차

p57 **4번** 🎧 2-25

1) ② 혀   2) ④ 해
3) ② 허리   4) ③ 하나
5) ④ 호수

3과

p68 **1번** 3-18

1) ② 공
2) ③ 삼
3) ④ 담
4) ③ 독
5) ② 박
6) ① 갑
7) ② 락
8) ③ 깃
9) ④ 얼
10) ④ 법

p68 **2번** 3-19

1) ② 삼
2) ③ 꽃
3) ① 부엌
4) ② 사람
5) ③ 자동차

p69 **4번**

1) ①
2) ①
3) ③
4) ③
5) ①

p69 **5번**

1) ㅂ
2) ㄱ
3) ㄷ

p73 **1번** 3-20

1) ②
2) ②
3) ②

p74 **1번** 3-22

1) ②
2) ②

p75 **1번** 3-24

1) ①
2) ②

4과

p95 **1번** 4-4

④

p95 **2번** 4-5

1) ①
2) ④

p95 **3번** 4-6

1) 일본 사람이에요.
2) 가수예요.

5과

p109 **1번** 5-3

① ㉡
② ㉠
③ ㉢

p109 **2번** 5-4

④

6과

p123 **1번** 6-3

① O
② X
③ O
④ X
⑤ X
⑥ X

p123 **2번** 6-4

③

7과

p137 1번 🎧7-3

③

p137 2번 🎧7-4

②

p137 3번 🎧7-5

③

p137 4번 🎧7-6

1,897,500

8과

p155 1번 🎧8-4

③

p155 2번 🎧8-5

① ⓒ   ② ⓛ
③ ⓐ

p155 3번 🎧8-6

1) ③   2) ③
3)

9과

p171 1번 🎧9-4

②

p171 2번 🎧9-5

④

p171 3번 🎧9-6

2-3-4-1

10과

p190 1번 🎧10-6

③

p190 2번 🎧10-7

1) ① X   ② O
    ③ X   ④ X
    ⑤ X
2) ④

p190 3번 🎧10-8

① X   ② O
③ O   ④ O
⑤ X

듣기 지문

1과

track 1-1

모음) 아, 어, 오, 우, 으, 이, 에, 애
이중모음 일) 야, 여, 요, 유, 예, 얘
이중모음 이) 와, 워, 외, 위, 웨, 왜
이중모음 삼) 의
자음 일) ㅁ, ㄴ, ㄹ, ㅇ, ㄱ, ㅂ, ㄷ, ㅅ, ㅈ, ㅎ
자음 이) ㅋ, ㅍ, ㅌ, ㅊ
자음 삼) ㄲ, ㅃ, ㄸ, ㅆ, ㅉ

track 1-2

모음) 아, 어, 오, 우, 으, 이, 에, 애

track 1-3

아, 이, 우

track 1-4

에, 애, 오, 어, 으

track 1-5

아, 어, 오, 우
아, 애, 에, 이

track 1-6

아이, 오, 이, 오이, 아우, 우애

track 1-7

① 우, 어, 오, 으
② 우, 으
③ 우, 어

④ 어, 오
⑤ 어, 으
⑥ 으, 오

track 1-8

1) 아   2) 우   3) 오이   4) 아우   5) 우애

track 1-9

ㅁ, ㄴ, ㄹ, ㅇ

track 1-10

ㅁ, ㄴ, ㄹ, ㅇ

track 1-11

나, 너, 나무, 노래, 머리, 우리, 어느, 나라

track 1-12

1) 노   2) 머   3) 루
4) 나   5) 내   6) 므

track 1-13

1) 우리   2) 노래   3) 머리   4) 나라   5) 어느

track 1-14

이중모음 일) 야, 여, 요, 유, 예, 얘

track 1-15

야, 이, 아, 야, 야
유, 이, 우, 유, 유

track 1-16

예, 이, 에, 예, 예
얘, 이, 애, 얘, 얘

track 1-17

요, 이, 오, 요, 요
여, 이, 어, 여, 여

track 1-18

우유, 이유, 예, 아니요, 요리, 여우

track 1-19

① 야, 유, 요, 여 ② 아, 야 ③ 오, 요 ④ 우, 유
⑤ 어, 여   ⑥ 요, 여 ⑦ 여, 유

track 1-20

1) 요   2) 예   3) 여우   4) 이유   5) 여유

track 1-21

ㄱ, ㅋ, ㄲ, ㅂ, ㅍ, ㅃ

track 1-22

ㅍ, ㅂ, ㅃ

track 1-23

ㅋ, ㄱ, ㄲ

track 1-24

배, 아파요, 뽀뽀, 예뻐요
구, 고기, 코피, 커피, 꼬리

track 1-25

① 바, 파, 빠 ② 바, 파 ③ 바, 빠 ④ 파, 빠

⑤ 부, 푸, 뿌 ⑥ 부, 푸 ⑦ 부, 뿌 ⑧ 푸, 뿌

track 1-26

① 가, 카, 까 ② 가, 카 ③ 가, 까 ④ 카, 까

track 1-27

1) 배   2) 뽀뽀   3) 아파요

track 1-28

1) 커피   2) 꼬리   3) 고기

2과

track 2-1

이중모음 이) 와, 워, 외, 위, 웨, 왜

track 2-2

와, 우, 아, 와, 와
워, 우, 어, 워, 워
위, 우, 이, 위, 위

track 2-3

외, 왜, 웨
우, 애, 왜

track 2-4

와요, 위, 왜, 뭐, 외워요, 매워요, 어려워요

track 2-5

① 와, 워, 위, 왜
② 외, 왜, 웨
③ 위, 워
④ 외, 위

⑤ 와, 왜
⑥ 와, 워

track 2-6

1) 위　　2) 외　　3) 와　　4) 워　　5) 왜

track 2-7

1) 웨　　2) 봐요　3) 와요　4) 매워요　5) 어려워요

track 2-8

ㄷ, ㅌ, ㄸ, ㅅ, ㅆ

track 2-9

ㅌ, ㄷ, ㄸ

track 2-10

ㅅ, ㅆ

track 2-11

다리, 타요, 따요, 토마토
사, 사요, 싸요, 써요, 쉬워요, 쉬어요

track 2-12

① 다, 타, 따 ② 다, 타 ③ 다, 따 ④ 타, 따
⑤ 도, 토, 또 ⑥ 도, 토 ⑦ 도, 또 ⑧ 토, 또

track 2-13

1) 투　　　2) 떠　　3) 서　　　4) 씨
5) 사과　　6) 타요　7) 쉬워요　8) 더워요

track 2-14

이중모음 삼) 의

track 2-15

의, 으, 이, 의, 의

track 2-16

의사, 의자, 의미, 무늬

track 2-17

① 의 ② 의사 ③ 예의 ④ 나의 토마토 ⑤ 의의

track 2-18

ㅈ, ㅊ, ㅉ, ㅎ

track 2-19

ㅊ, ㅈ, ㅉ

track 2-20

ㅎ

track 2-21

자요, 차요, 짜요, 주스, 치즈, 찌개, 하나, 혀, 회사

track 2-22

① 자, 차, 짜 ② 자, 차 ③ 자, 짜 ④ 차, 짜

track 2-23

1) 짜　　2) 자　　3) 쥐　　4) 치　　5) 초

track 2-24

1) 쥐　　2) 차요　3) 줘요　4) 주스　5) 기차

track 2-25

1) 혀　　2) 해　　3) 허리　4) 하나　5) 호수

3과

track 3-1

ㅁ, 암, 밤, 김치, 사람
ㄴ, 안, 눈, 산, 친구
ㄹ, 알, 물, 발, 딸기
ㅇ, 앙, 빵, 공, 사랑

track 3-2

ㄱ, ㄲ, ㅋ, 악
책, 밖, 부엌
ㅂ, ㅍ, 압
집, 앞, 무릎
ㄷ, ㅌ, ㅅ, ㅆ, ㅈ, ㅊ, ㅎ, 앋
끝, 빗, 꽃, 히읗, 받침

track 3-3

1) 고, 곰 2) 배, 뱀 3) 추, 춤
4) 모, 몸 5) 꾸, 꿈 6) 사, 삼

track 3-4

삼, 이름, 사람

track 3-5

1) 나, 난 2) 소, 손 3) 도, 돈
4) 사, 산 5) 누, 눈 6) 무, 문

track 3-6

눈, 돈, 우산

track 3-7

1) 이, 일 2) 치, 칠 3) 마, 말
4) 파, 팔 5) 수, 술 6) 다, 달

track 3-8

술, 발, 일

track 3-9

1) 아, 앙 2) 라, 랑 3) 가, 강
4) 바, 방 5) 빠, 빵 6) 고, 공

track 3-10

빵, 가방, 자동차

track 3-11

1) 시, 십 2) 커, 컵 3) 아, 앞
4) 수, 숲 5) 추, 춥 6) 바, 밥

track 3-12

입, 집, 잎

track 3-13

1) 야, 약 2) 바, 박 3) 구, 국
4) 푸, 푹 5) 하, 학 6) 채, 책

track 3-14

책, 밖, 부엌

track 3-15

1) 끄, 끝 2) 바, 밭 3) 비, 빗
4) 나, 낮 5) 오, 옷 6) 꼬, 꽃

track 3-16

곧, 옷, 낮, 밭, 꽃, 있다, 히읗

track 3-17

공, 일, 이, 삼, 사, 오, 육, 칠, 팔, 구, 십

track 3-18

1) 공   2) 삼   3) 담   4) 독   5) 박
6) 갑   7) 락   8) 깃   9) 얼   10) 법

track 3-19

1) 삼   2) 꽃   3) 부엌   4) 사람   5) 자동차

track 3-20

1) 한국어[한구거]   2) 음악[으막]
3) 먹어요[머거요]

track 3-21

음악[으막] , 먹어요[머거요]

track 3-22

1) 학교[학꾜]   2) 학생[학쌩]

track 3-23

학교[학꾜], 학생[학쌩]

track 3-24

1) 축하[추카]   2) 좋다[조타]

track 3-25

축하[추카], 좋다[조타]

track 3-26

삶[삼]

track 3-27

값[갑]

track 3-28

닭[닥]

track 3-29

앉다[안따]

track 3-30

많다[만타]

track 3-31

싫다[실타]

track 3-32

A 안녕하세요.
B 안녕하세요.

A 만나서 반가워요.
B 저도 반가워요.

track 3-33

A 안녕히 가세요.
B 안녕히 계세요.

A 안녕히 가세요.
B 안녕히 가세요.

track 3-34

A 미안해요.
B 괜찮아요.

A 죄송해요.
B 괜찮아요.

A 죄송합니다.
B 괜찮아요.

track 3-35

A 고마워요.
B 괜찮아요.

A 고맙습니다.
B 괜찮아요.

A 감사합니다.
B 괜찮아요.

track 3-36

① 책을 보세요.
② 따라 하세요.
③ 읽으세요.
④ 쉬세요.
⑤ 숙제하세요.
⑥ 질문하세요.
⑦ 대답하세요.
⑧ 맞아요.
⑨ 틀려요.

track 3-37

① 나는 한국어를 공부해요.
② 나는 우유를 마셔요.
③ 나는 사과를 따요.
④ 나는 토마토를 먹어요.
⑤ 나는 책을 읽어요.
⑥ 책이 있어요.
⑦ 책이 없어요.

4과

track 4-1

하루카 퓨퓨아웅 씨는 요리사예요?
줄리앙 네, 퓨퓨아웅 씨는 요리사예요.

루카 선생님은 어느 나라 사람이에요?
안톤 선생님은 한국 사람이에요.

track 4-2

에릭 안녕하세요. 이름이 뭐예요?
후이 저는 후이예요.

왕페이 누가 일본 사람이에요?
줄리앙 하루카가 일본 사람이에요.

track 4-3

왕페이 허지원은 가수예요?
아루잔 아니요, 허지원은 가수가 아니에요. 한국어 선생님이에요.

에릭 퓨퓨아웅 씨는 베트남 사람이에요?
퓨퓨아웅 아니요, 저는 베트남 사람이 아니에요. 미얀마 사람이에요.

track 4-4

저는 경찰이에요.

track 4-5

1) 아루잔은 주부예요. 아루잔은 회사원이 아니에요.
2) 왕페이는 배우가 아니에요. 의사예요.

track 4-6

에릭 안녕하세요. 저는 에릭이에요. 이름이 뭐예요?
하루카 저는 하루카예요.

에릭   하루카 씨는 어느 나라 사람이에요?
하루카   저는 일본 사람이에요. 에릭 씨는 독일
          사람이에요?
에릭   아니요, 저는 독일 사람이 아니에요. 미국
          사람이에요.
하루카   에릭 씨는 직업이 뭐예요?
에릭   저는 가수예요. 하루카 씨는 직업이 뭐예요?
하루카   저는 교환학생이에요.

5과

track 5-1

아루잔   이것이 뭐예요?
왕페이   이것은 가방이에요.

하루카   저것이 뭐예요?
에릭   저것은 시계예요.

루카   그것이 뭐예요?
안톤   이것은 한국어 책이에요.

track 5-2

줄리앙   이 책은 누구의 책이에요?
아루잔   그 책은 하루카 씨의 책이에요

루카   그 가방은 누구의 가방이에요?
후이   이 가방은 제 가방이에요

track 5-3

<보기>
허지원   이것이 뭐예요?
루카   그것은 의자예요.
① 허지원 저것이 뭐예요?
   루카   저것은 책이에요.
② 허지원 이것이 뭐예요?
   루카   이것은 연필이에요.

③ 허지원 그것이 뭐예요?
   루카   이것은 모자예요.

track 5-4

안톤   에릭 씨, 이것은 지갑이에요?
에릭   아니요. 이것은 지갑이 아니에요. 이것은
          필통이에요.
안톤   에릭 씨의 필통이에요?
에릭   네.

6과

track 6-1

왕페이   컵이 어디에 있어요?
아루잔   컵이 책상 위에 있어요.

루카   소파 아래에 가방이 있어요?
에릭   아니요, 소파 아래에 가방이 없어요.
          소파 옆에 가방이 있어요.

track 6-2

지원   테이블 위에 무엇이 있어요?
안톤   테이블 위에 컵과 책이 있어요.

퓨퓨아웅 방 안에 무엇이 있어요?
하루카   침대와 책상이 있어요.
          책상과 침대가 있어요.

track 6-3

① 지원   책상 위에 무엇이 있어요?
   안톤   책상 위에 컴퓨터가 있어요.
② 지원   강아지가 어디에 있어요?
   안톤   나무 뒤에 있어요.
③ 지원   책상 위에 무엇이 있어요?
   안톤   책상 위에 컵과 컴퓨터가 있어요.

④ 지원 옷장 앞에 무엇이 있어요?
　 안톤 옷장 앞에 의자가 있어요.
⑤ 지원 의자 아래에 무엇이 있어요?
　 안톤 의자 아래에 옷이 있어요.
⑥ 지원 가방과 지갑이 어디에 있어요??
　 안톤 침대 뒤에 있어요.

track 6-4

제 책상 위에는 가방이 없어요. 가방은 책상 오른쪽에 있어요. 책상 위에는 책과 볼펜이 있어요.

7과

track 7-1

하루카 전화번호가 뭐예요?
안톤 010 6798 1234예요.
　　　(공일공 육칠구팔 일이삼사예요.)

왕페이 사무실 전화번호가 몇 번이에요?
지원 02 - 2745 - 3267이에요.
　　　(공이(에) 이칠사오(에) 삼이육칠이에요.)

track 7-2

루카 커피가 얼마예요?
지원 5,000원이에요.

왕페이 그 컴퓨터는 얼마예요?
퓨퓨아웅 1,250,000원이에요.
　　　　(백이십오만원)

track 7-3

전화상황
에릭 왕페이 씨, 하루카 씨 있어요?
왕페이 아니요, 지금 없어요.
에릭 하루카 씨 전화번호가 뭐예요?

왕페이 잠시만요, 하루카 씨 전화번호는 010-3809-4235예요.

track 7-4

후이 안녕하세요? 펜 있어요?
점원 네, 있어요.
후이 얼마예요?
점원 1,300원이에요.

track 7-5

안톤 안녕하세요.
루카 네, 어서 오세요.
안톤 이 공책은 얼마예요?
루카 1,800원이에요.
안톤 저 가방은 얼마예요?
루카 12,000원 이에요.
안톤 이 지우개는 얼마예요?
루카 400원이에요.
안톤 연필은 얼마예요?
루카 700원이에요

track 7-6

지원 안녕하세요? 컴퓨터는 얼마예요?
점원 이 컴퓨터는 1,897,500원이에요.

8과

track 8-1

왕페이 펜이 있어요?
에릭 네, 펜이 하나 있어요.

퓨퓨아웅 햄버거가 몇 개예요?
줄리앙 햄버거가 세 개예요.

track 8-2

지원   치즈버거 세 개 주세요.
점원   여기 있어요.

아루잔   카페라떼 한 잔 주세요.
점원   여기 있어요.

track 8-3

점원   주문하시겠어요?
하루카   치즈버거 한 개 주세요.
　　　　그리고 콜라도 한 잔 주세요.

track 8-4

지금은 여덟 시예요.

track 8-5

① 지원   냉면 두 그릇 주세요. 그리고 불고기도 한
　　　　그릇 주세요.
② 루카   새우버거 한 개하고 콜라 한 잔 주세요.
③ 후이   김밥 한 줄 주세요. 그리고 라면도 한 그릇
　　　　주세요.

track 8-6

손님   저기요, 커피 한 잔, 와플 두 개, 쿠키 다섯
　　　개 주세요.
점원   죄송해요. 지금 쿠키는 없어요.
손님   아 그래요? 그럼 초콜릿 하나 주세요.
점원   네, 잠시만 기다려 주세요.

9과

track 9-1

후이   지금 뭐 해요?
하루카   저는 청소해요.

에릭   오전에 뭐 해요?
루카   저는 한국어를 공부해요.

track 9-2

아루잔   지금 뭐 해요?
지원   저는 한국어를 공부해요.

줄리앙   오늘 뭐 해요?
왕페이   저는 쇼핑을 해요.

track 9-3

퓨퓨아웅   지금 몇 시예요?
에릭   지금 한 시예요.

안톤   몇 시에 운동해요?
후이   저는 저녁 여덟 시에 운동해요.

track 9-4

안녕하세요. 저는 아루잔이에요. 저는 한글대학교
학생이에요. 저는 오전에 한국어를 배워요. 그리고
숙제를 해요. 내일 오후에는 친구와 쇼핑해요. 오늘
밤에는 운동해요.

track 9-5

퓨퓨아웅   줄리앙 씨. 지금 뭐 해요?
줄리앙   아, 퓨퓨아웅 씨. 저는 지금 공부해요.
퓨퓨아웅   내일 오후에 뭐 해요?
줄리앙   내일 오후에 청소해요. 그리고 요리해요.
퓨퓨아웅   아, 저는 청소를 싫어해요. 요리는 좋아해요.
줄리앙   하하, 저는 다 좋아해요.

track 9-6

안녕하세요. 저는 후이예요. 저는 회사원이에요. 저는
오전에 운동을 해요. 낮에 일해요. 오늘 저녁에 친구와
같이 쇼핑해요. 그리고 같이 컴퓨터 게임을 해요.

10과

track 10-1

안톤　　오늘 뭐 해요?
후이　　저는 친구를 만나요.

루카　　에릭 씨를 알아요?
아루잔　네. 에릭 씨를 알아요. 제 친구예요.

track 10-2

지원　　오늘 오후에 시간이 있어요?
에릭　　미안해요. 오늘 오후에 시간이 없어요.

퓨퓨아웅　지금 뭐 해요?
왕페이　저는 밥을 먹어요.

track 10-3

왕페이　어디에 가요?
하루카　저는 지금 카페에 가요.

줄리앙　내일 어디에 가요?
안톤　　내일 극장에 가요.

track 10-4

후이　　카페에서 뭐 해요?
아루잔　저는 카페에서 친구와 커피를 마셔요.

지원　　학교에서 뭐 해요?
하루카　저는 학교에서 공부해요.

track 10-5

후이　　오늘 학교에 가요?
에릭　　아니요, 안 가요.

퓨퓨아웅　게임 좋아해요?
아루잔　아니요, 안 좋아해요.

track 10-6

점원　　어서 오세요.
손님　　카페라떼 있어요?
점원　　네. 있어요.
손님　　카페라떼 한 잔 주세요. 얼마예요?
점원　　4,000원이에요.

track 10-7

하루카　에릭 씨. 오늘 학교에 가요?
에릭　　아~하루카 씨. 오늘은 학교에 안 가요.
하루카　오늘 뭐 해요?
에릭　　오늘 서점에 가요.
하루카　아, 그래요. 서점에서 뭐 사요?
에릭　　오늘 책을 사요. 하루카 씨는 오늘 뭐 해요?
하루카　저는 공책과 펜을 사요.
에릭　　아, 그래요? 서점 안에 문구점이 있어요.
하루카　네, 알아요. 지금 같이 가요.
에릭　　미안해요. 저는 오후에 아루잔 씨와 가요.

track 10-8

저는 줄리앙이에요. 저는 프랑스 사람이에요. 저는
지금 한국에서 일 안 해요. 한국어를 공부해요.
오늘 오후에 친구가 한국에 와요. 친구는 K-POP을
좋아해요. 한국음식도 좋아해요. 오늘 공항에서
친구와 같이 비빔밥과 불고기를 먹어요. 그리고 집에
와요.

어휘 색인

4과

9과

10과

BASIC DAILY KOREAN 1 中文版

초판 인쇄	2025년 2월 28일
초판 발행	2025년 3월 5일

저자	권민지, 김소현, 이소현
편집	권이준, 김아영
펴낸이	엄태상
표지 디자인	공소라
내지 디자인	더블디앤스튜디오
조판	이서영
콘텐츠 제작	김선웅, 장형진
마케팅	이승욱, 왕성석, 노원준, 조성민, 이선민
경영기획	조성근, 최성훈, 김다미, 최수진, 오희연
물류	정종진, 윤덕현, 신승진, 구윤주

펴낸곳	한글파크
주소	서울시 종로구 자하문로 300 시사빌딩
주문 및 문의	1588-1582
팩스	0502-989-9592
홈페이지	http://www.sisabooks.com
이메일	book_korean@sisadream.com
등록일자	2000년 8월 17일
등록번호	제300-2014-90호

ISBN 979-11-6734-057-3 13710